인성 **8** 덕목

# 인성 8 덕목

**초판1쇄 인쇄** | 2018년 5월 1일
**초판1쇄 발행** | 2018년 5월 6일

**지은이** | 이창호 · 박입분 · 강지원 · 현인순 · 강경원 · 박복임 · 김정은 · 김만기
**펴낸이** | 김진성
**펴낸곳** | 밝나래

**편집** | 강경원, 허강
**디자인** | 장재승
**관리** | 정보해

**출판등록** | 2012년 4월 23일 제2016-000007호
**주소** | 경기도 수원시 장안구 팔달로237번길 37, 303(영화동)
**전화** | 02-323-4421
**팩스** | 02-323-7753
**이메일** | kjs9653@hotmail.com

21세기 바른 인성을 위해 배우고 가르쳐야 할

# 인성 8 덕목

이창호스피치리더십연구소 편
이창호 · 박입분 · 강지원 · 현인순
강경원 · 박복임 · 김정은 · 김만기
지음

## 차례

# 인성 8대 덕목에 주목하라

## 인성, 그 반성과 아픔 그리고 위로

이 책은 2015년 1월 공포된 〈인성교육진흥법〉 제2조 제2항에서 규정한 핵심 가치 덕목인 인성 8대 덕목을 한 곳에서 조망하고자 기획하였다. 시중에 인성 덕목 각각에 관해 기술한 책들은 전문서부터 에세이류에 이르기까지 종류도 다양하며 다루고 있는 주제의 깊이, 사례도 천차만별이다. 여기에서는 덕목 각각에 대한 기본적인 이해와 사례 그리고 실천방안에 대해 넓게 다루고자 하였다. 누구나 알고 있지만 막연하거나 개념으로 정립되지 않은 덕목에 대해 함께 알아가고 사유하며 더 나은 길을 찾자는 마음에서 읽기 쉽도록 하였다.

인성 8대 덕목은 다른 듯하지만 같은 의미와 가치로 수렴된다. 같은 말을 하는 듯하지만 섬세한 결이 모두 다르기도 하다. 그 섬세한 결을 놓치지 않으려 하였고, 모두에게 통렬한 반성과 아픔을 주는 동시에 고단한 우리 살이에 위로가 되었으면 하는 바람을 담았다. 인성 8대 덕목 중 중요하지 않은 것은 하나도 없다. 모두 우리 삶과 문화가 그대로 투영된 가치들인 동시에 앞으로 우리 삶을 지탱해줄 불변의 철학이기 때문이다. 이 철학은 개인의 노력과 더불어 사회 전체가 함께 추구하고 실천해야 완성될 수 있다.

전대미문의 압축 성장을 통한 산업화는 태양보다 눈부시게 우리 미래를 비춰주는 듯했지만, 그 그늘은 상상 이상으로 깊고 넓었다. 그 빛에 잠깐 우리들 눈이 멀어서 안 보였던 것들이 서서히 눈에 보이기 시작하면서 그늘에서 고통 받았던 사람들을 보게 되었다. 우리 사회는 미루고 또 미뤘던 진실과 아픔에 직면해야 할 시간을 맞았다. 지금이 아니면 또 늦어지게 되고, 용기를 내어 진실을 마주하지 않으면 우리 미래는 더 암담해지게 될 것이다.

개인의 실천만 강요하다 보면 이 책이 가르치려 드는 도덕 교과서처럼 딱딱하게 느껴지고 돌림노래로 만들어진 잔소리를 듣는 듯 지겨워질 수 있다. 더 이상 개인의 도덕성, 개인의 실천력에 기대서는 안 된다. 그래서 각각의 덕목이 공동체 안에서, 사회 안에서 어떻게 공유되는지 사례를 통해 살펴보고 함께 할 수 있을 만한 실천방안들에 대해 적었다. 그동안 사회 안에서 제대로 공유되거나 실천되지 못했던 인성의 가치를 전면으로 끌어올리고 지역 공동체와 사회가 함께 나서서 이를 실천할 수 있도록 제도를 마련하고 체계를 갖추어야 한다는 주장에 무게를 두었다.

사람들 마음속에는 어릴적의 내가 있다. 그 아이는 타고난 천성과 본성을 간직한 순수한 모습 그대로 꿈과 희망을 간직한 채 살고 있다. 때로는 나에게 힘과 위로를 주기도 하며 인간으로서 지켜야 할 가치, 함께 살아가는 사람들을 사랑하는 마음과 태도를 잃지 않도록 격려하기도 한다. 우리는 그 아이가 하는 말에 귀를 기울여야 한다. 비록 표현이 서툴고 가끔 현실을 모르는 듯 이상적일지라도 그 말은 우리 삶의 원형을 간직한 말들이다. 그 말들이 더 이상 묻히지 않도록 서로에게 전해지고, 그 말을 통해 마음이 이어지며, 우리가 함께 손잡을 수 있도록 우리 마음속의 아이를 지키고 돌봐야 한다. 그 아이는 우리가 어떻게 살아야 하는지 가장 잘 아는 스승이며 바로 나 자신이기 때문이다.


## 인성 8대 덕목을 조망하며

이 책은 초등생을 제외한 전 연령층을 독자로 상정하여 기획하였다. 청소년뿐 아니라 어른들도 함께 읽고 생각하기를 바랐기 때문이다. 각각의 덕목에 대해 간략하게 살펴보겠다.

배려는 일상에서 부단히 실천되어야 할 덕목으로서 타인과 세상에 대한 지극하고 순수한 관심에서 우러나는 감정이며, 우리 사회를 멍들게 하는 혐오문화를 불식시킬 수 있는 연대의 언어라고 정의하였다. 또한 사회적으로 실천되는 사례를 통해, 배려는 약자와 소수자를 위한 한정된 언어가 아니라 우리 모두의 삶을 풍요롭게 해주고 보호해주는 보편적 언어라는 사실을 강조하였다.

소통에서는 타인과의 상호 교류가 온·오프라인을 망라한 다양한 플랫폼을 통해 이루어지고 있는 현실에 대해 살펴보았다. 하지만 다양한 플랫폼이 존재하는 만큼 외로움도 커지고 있으며 소통에서 소외되는 계층도 생겨나고 있다. 소통은 우리를 통하게 하는 사회적 언어이며 구원의 언어임을 새롭게 인식하는 계기가 되고자 하였다.

예절에서는 다양한 사례를 통해 우리가 잊기 쉬운 예절문화에 대해 짚어보았다. 개인 간의 예절 뿐 아니라 다인종, 글로벌 사회를 살아가는 우리가 갖추어야 할 글로벌 에티켓과 온라인 예절에 대해서도 함께 살펴보았다. 새로운 시대에 맞는 예절문화는 편견없는 열린 마음에서 시작된다는 사실에 대해 기술하였다.

효는 자식이 짊어져야 하는 일방적 의무가 아니라 상호 교감하는 섬김, 복지 정책을 통한 사회적 섬김이라는 의미로 확대하여 조망하였다. 효는 개인의 실천과 사회적 실천이 병행되어야 하는 가치이며 시대 변화에 따라 늘 새롭게 해석되어야 하는 역동적인 철학이다. 그 실천과 역동성을 새 시대의 섬김 프레임으로 재해석하였다.

협동에서는 결코 혼자 살아갈 수 없는 사회적 동물인 인간이 지녀야 할 기본 미덕으로서의 가치에 대해 말하였다. 개인주의적 성향이 짙어지면서 협동은 점점 실천하기 어려운 덕목이 되고 있다. 하지만 온라인을 통해 불특정다수가 공통 목표를 성취하기 위해 힘을 합하거나 협동조합 운동이나 협동교육 등을 통해 공동체 안에서 실천되는 가치로 재평가하였다.

책임에서는 사적 책임과 공적 책임의 조화가 올바른 시민사회를 만드는 기본 덕목이라는 데에 주목하였고, 사적 책임과 공적 책임의 조화를 통해 사회참여의식이 높아짐으로써 구성원들이 기꺼이 자기의 책임을 떠안는 건강한 사회를 만든다는 점을 강조하였다.

정직에서는 개인의 정직뿐 아니라 사회적 정의에 대해서도 함께 생각해보자는 의미를 담았다. 정직은 개인적으로나 공동체 안에서나 실천하기 어려운 덕목임에 틀림없다. 하지만 사회적으로 공동선을 추구하는 데 정직은 바탕이 될 뿐 아니라 사회의 탄력성과 건강함을 진단하는 척도가 된다는 점을 기술하였다.

존중에서는 인간 존중이 일상적으로 실천되고, 제도적으로 체계화되어야 한다는 주장을 담았다. 21세기를 살아가는 우리들에게 인간 존중 철학은 결코 놓을 수 없는 이데올로기가 되었으며, 너와 나를 살리는 평등의 언어라는 점을 강조하였다.

이 한 권의 졸저가 일방적인 이야기가 아니라 인성에 대해 함께 이야기 나누는 소통과 화해의 장이 될 수 있기를 바란다. 더 욕심을 내자면 책을 읽는 독자들의 마음에 닿아 심장을 두근거리게 하고 위안이 될 수 있기를 감히 바란다.

저자 일동

# 1장

# 인성,
# 사람 됨됨이를 다시 묻다

이창호

# 1

## 인성에 대한 다양한 생각들

　인성이란 무엇일까? 인성이 무엇인지 모르는 것이 아닌데도 인성
을 정의하려면 쉽게 의미가 잡히지 않을 것이다. 인성은 천성, 인격,
성격, 성품 등으로도 부를 수 있는데, 이 용어들에는 공통점도 있으면
서 차이점도 있다. 하지만 이 용어들 모두가 인간의 '됨됨이'와 관련된
말임은 분명하다. 인간은 결코 단순한 존재가 아니므로 드러나는 일
부 행동이나 생각만을 가리켜 인간됨의 전부라고 할 수는 없다.

　인성이란 용어에 대한 해석이 다양하여 한마디로 정의하기는 어
려우며, 사용하는 사람에 따라 뜻이 달라질 수 있기에 획일적인 의
미로 결론을 내릴수는 없다. 일반적으로 인간만이 지니고 있는 특
성 가운데에서 전인적 반응 내지 행동 양식을 가리키는 개념으로 알
려져 있다. '인성'이라는 용어의 뜻을 살펴보면 'Personality인성' 또는

'Character성격'로 번역되어 두 용어가 혼용되고 있다. 하지만 좀 더 정확히 말하자면 'Personality'가 우리말로 '인성'과 '성격'을 모두 포괄하는 개념이라 할 수 있으며, '성격'이라고 부르는 것이 오히려 자연스러운 표현이 되겠다.

일반적으로 우리는 인간 됨됨이를 지, 정, 의, 덕, 체로 구분하고, 교육 목표를 지, 덕, 체의 조화에 두었다. 물론 지, 정, 의 외에 성, 미를 추가하기도 한다. 최근에는 재능과 영성을 포함시키는 경향이 있다. 따라서 인성을 어떻게 정의하느냐에 따라 인성교육의 방향이 정해질 수 있다.

학자들은 인성의 정의에 대해 다양한 주장을 하고 있다. 여러 학자들의 이론을 종합해 보면 "인성이란 인간이 여러 가지 환경에 대하여 제각기 나름으로 반응하는 일관적인 행동 구조와 특성을 가리킨다"고 요약할 수 있다. 하지만 인지적 · 논리적 해석에 편향된 기존의 설명에서는 별로 다루지 않았던 정의적인 측면 및 인간의 본성과 연관지어 다양하고 풍부한 해석을 내놓기도 한다. 인성은 전 인격을 갖춘 건강한 시민으로 성장하며 보다 풍부하고 자유로운 삶을 살아가는 데 필요한 필수덕목이며, 인성교육은 이를 실현할 수 있도록 경험을 제공하고 사유할 수 있는 장을 마련해주는 일련의 과정이라고 할 수 있다.

## 1. 인성은 만가지 색깔, 하나의 의미

지금까지 '인성'의 개념은 인품, 품성, 인격, 기질, 개성, 성격, 인간성, 사람됨, 인간 본성, 심성, 도덕성 등과 같이 매우 추상적인 의미로 해석되어 왔다. 다소 차이가 있지만 교육학 분야에서는 인성, 정신분석학 분야에서는 인격, 심리학 분야에서는 성격으로 통용되고 있으며 관점에 따라 인성교육 이론도 다르게 전개되고 있다. 인성이라는 개념에는 개성, 기질, 성격 등 개인의 심리적 특성이 강조된 개념도 포함되고, 인간성, 사람됨, 도덕성 등 개인이 내면화해야 할 사회나 시대의 신념, 문화, 가치를 강조하는 개념도 포함하고 있다. 즉, 인성의 개념에는 개인적 요소와 사회적 요소가 모두 포함되어 있는 것이다. 하지만 학자에 따라, 개성, 기질, 성격 등 개인의 심리적 특성이 강조되거나 사회나 시대의 신념, 문화, 가치가 반영된 인간성, 사람됨, 도덕성 등을 더 강조하기도 한다. 다음 이야기들을 보자.

"사람의 탈을 쓰고 부모에게 어찌 그럴 수가 있는가?"
"어떻게 짐승만도 못한……."
"인성이 문제이다. 인성교육이 시급하다."

이 경우, 인성은 식물성, 동물성 등과 구별되는 인간만의 고유한 성정, 인간성일 것이다.

"그 사람 성격 이상하더라."

"그 사람 입장에서는 네 성격이 이상해 보이겠지."

"그럴 수도 있겠다. 사람마다 성격이 다르니까."


이 경우, 인성은 타인과 비교했을 때 구별되는 개인의 성격적 특성이다.


"그 사람 인간성이 얼마나 좋은데……."

"인간성만 좋으면 뭘 해? 인간성이 밥 먹여주냐? 능력이 있어야지!"


이 경우, 인성은 성품, 인품일 것이다.


"인류의 스승을 성인이라고 부릅니다."

"예수, 석가모니, 소크라테스 같은 분들이 인류의 스승이죠."

"그들은 가히 신의 경지에 이른 분들이죠."


이 경우, 인성은 영성에 가까운 성정으로 설명할 수 있다. 최근 들어 인성에 심리적 특성뿐만 아니라 성능<sup>재능, 능력</sup>과 영성을 포함해야 한다는 의견이 대두되고 있다. 인성을 심리적 성격 특성으로만 정의하는 것은 일면만 강조하는 것이다. 그러나 인간을 완성된 존재로 보면 성격과 재능, 영성은 인성과 불가분의 관계가 된다는 주장이 설득력을 갖는다.


## 2. 21세기에 인성을 말하는 이유


지난 세기 동안 인성 개념에 성능과 영성을 포함시키지 않은 결과, 인격과 능력과 영성이 분리된 성질을 올바른 인성 개념으로 생각하였다. 그로 인해 인격보다 능력을 우선시한 근·현대 교육은 과학기술 분야에서 비약적인 발전을 이루었으나 영성, 인간성은 오히려 후퇴했다. 산업혁명 이후 기술문명을 주도해온 서양은 제1, 2차 세계대전을 경험하면서 그에 대한 반성으로 서양의 기술과 동양사상의 통합을 시도했다.

21세기를 살아가는 우리에게 필요한 역량, 화두는 단연코 인성이다. 인성교육은 도덕교육보다 훨씬 더 포괄적이고 심층적인 면을 지니고 있다. 이는 겉으로 나타나는 행동, 언어, 태도만이 아니라 감정, 동기, 공감, 무의식과 같은 내적 심리 상태를 아우르는 교육을 모두 일컫기 때문이다. 일반적으로 인성이란 전통적인 가치관에 바탕을 둔 도덕적이고 윤리적인 품성을 의미하며, 인성이 잘 갖추어진 사람은 예의범절이 뚜렷하고 규범을 잘 지키며 부모에게 효도하고 어른을 공경하며 이웃에 사랑을 베푸는 모범적인 인간을 일컬었다.

그렇다면 요즘 우리 사회는 어떠한가. 인터넷을 통해 모인 사람들의 동반 자살 사건, 학생이 교사를 폭행하는 사건, 자식이 부모를 살해하는 사건, 부모가 자식을 죽이는 사건, 기업가나 정치인의 불법·탈법과 관련한 부도덕한 사건 등 매일같이 뉴스에 오르내리는 사건들은 날이 갈수록 흉포화하고 있다. 이러한 일련의 사건들은 인성의 필요성과 중요성에 대해 깨닫게 해주는 계기가 된다.

고대 그리스 철학자 소크라테스는 "요즘 아이들은 폭군이다. 부모에게 반항하고 게걸스럽게 먹으며 스승에게 대든다."라고 한탄했었다. 어느 시대에서나 볼 수 있는 갈등양상인데 고대 그리스라고 해서 예외는 아니었던 듯하다. 우리나라는 광복 이후 지난 70여 년간 인성교육을 공교육의 목표로 삼지 않은 때가 없었다. 홍익인간의 이념부터 인간교육, 전인교육, 인성교육 등 표현은 조금씩 달랐지만 바람직한 인성 함양은 교육의 핵심목표였다. 동서고금을 막론하고 인성을 기본 덕목으로 삼지 않았던 시대는 없었다. 인성에 대한 우리의 관심은 예전이나 지금이나 변함없는데 왜 인성교육은 현장에서 제대로 실천되지 못했으며 우리들 그리고 아이들의 인성은 날로 각박해지며 이기적으로 변해가는 것일까? 과연 우리 아이들만 탓해야 하는 것일까?

우리 아이들이 처한 일상을 보면 인성이 뒷전으로 밀려난 현실이 당연한 결과가 아닌가 하는 생각이 든다. 우리 사회는 '인성'보다 '성적'으로 아이들을 평가하고 학교 교육은 입시에만 중점을 둔 지식 위주 암기, 주입식 교육에 치중한 나머지 인성교육에는 소홀했다. 물론 학교에서 인성에 대해 가르치지 않는 것은 아니다. 하지만 인성을 교실에서 책으로만 가르치고 있다. 인성 덕목을 입으로만, 지식으로만 가르치고 머리로 생각하고 가슴으로 느끼며 몸으로 행동하도록 하는 데는 소홀하다.

학교뿐만 아니라 가정과 사회에서도 '품성'보다 '성적'으로 아이들을 평가했으며, 자녀들에게 "이런 사람이 되어라"보다 "공부만 잘해라"라는 말을 더 많이 했던 것이 사실이다. 협동보다 경쟁, 함께보다 혼자, 우리보다 나, 나만 최고이고 나만 가지면 그만이라는 이기심을 조장했다. 학교에서는 도덕이나 사회 수업시간에 '정직하라'고 가르쳤지만 정작 가정과 사회, 실제 삶 속에서는 정직하면 손해보며 바보짓 하는 것이라고 가르쳤다. 이런 상황에서 학교 울타리 안의 인성교육은 학교 밖의 삶과는 너무나 동떨어졌던 것이 우리의 현실이다.

그리고 또 한 가지 중요한 것은 인성의 개념과 요소를 명확히 정의하지 않은 채 교육현장에서 혼재하여 사용했다는 것이다. 그 결과, 지금까지 인성의 개념을 막연히 '사람됨', '인간다움', '전인' 등 추상적으로 정의하고 사회적, 학문적으로 합의하지 않은 채 사용하고 있다. 그 결과, 교육현장과 가정에서 인성에 대해 무엇을 어떻게 가르치고 길러 주어야 하는지에 대한 지침도 없이 인성에 대한 다양한 요소들을 교육 주체들이 개별적으로 적당히 알아서 가르쳐온 실정이다.

인성이란 무엇이고 어떻게 해야 인성교육이 가능한가에 대한 의견은 사람마다 다르다. 하지만 '인간은 가장 미성숙한 상태로 태어나 부모, 형제 등 주변 도움을 받으며 성장하고 결국 다른 사람과 더불어 살아가는 존재'라는 말에는 이의가 없을 것이다. 그러므로 인성교육은 인간이 함께 살아가는 능력을 길러주는 데 일차적인 목표가 있다 하겠다. 인성을 이상화하고 과도하게 기대치를 높인 나머지 현실을 무시하고 행동하여 오히려 인간관계를 방해받기도 한다. 이상과 현실 사이의 괴리를 극복하지 못해 심리적으로 위기를 느낄 수도 있다. 현실과 잘 융합된 인성은 바람직한 인간관계를 형성하는 토대가 되며 순수함과 성실함을 전제한 관계는 타인과 자신을 이롭게 한다. 자신의 환경, 사회적 맥락, 주어진 과업의 특징 등에 기반한 인성교육은 필수적인 핵심가치이다.

우리나라는 이제야 그동안 도외시했던 인성 함양의 필요성에 대해 교육현장 뿐 아니라 사회 각 분야에서 말하고 있다. 인간의 삶에서 인격과 능력과 영성을 분리할 수 없음에도 불구하고, 그동안 물과 기름처럼 분리되어 왔다. 무엇보다 우리는 인격과 재능이 통합된 인성교육이 절실한 시대를 살고 있다.

# 2

## 인성은 삶 속 미덕의 총체이다

### 1. 인성의 주요 구성 요소

우리의 주요 자산인 인격, 즉 인성의 구성 요소로는 무엇이 있을까? 새무얼 스마일스는 명저《인격론》[1]에서 "인격은 가장 고상한 자산이다. 성실, 감동, 지혜, 원칙, 칭찬, 예의, 근면, 선행, 도덕 등에 투자하는 사람은 존경과 명성이라는 보수를 틀림없이 받을 것"이라고 말했다. 존 맥케인도 저서《인격이 운명이다》[2]에서 "태어날 때부터 무엇이 되기로 정해진 사람은 없다. 신은 인간에게 삶을 주었지만 삶을 경영하는 권한은 우리 손에 맡겼다. 삶을 영위하는 능력은 전적으로 각

---

1)《인격론》, 새뮤얼 스마일스 지음, 강형구 옮김, 해피앤북스, 2013
2)《인격이 운명이다》, 존 맥케인 · 마크 솔터 지음, 윤미나 옮김, 21세기북스, 2006

자의 인격에 달렸다"라면서 인격 형성의 주 요소로 정직, 겸손, 자존감, 용기, 신뢰, 호기심, 희망, 지혜, 인내, 자제, 희생, 자비, 인류애, 선행, 이상, 창조, 유머, 협동, 평화, 사랑, 우정, 친절 등을 들고 있다.

또한 사도 바울은 인격의 최고 가치로 사랑, 희락, 화평, 인내, 자비, 충성, 온유, 절제를 들었으며, 모든 사람에게는 신이 부여한 천부적인 재능이 있는데 언어력, 문장력, 예술적 재능, 손재주, 치유력, 지혜, 지식, 상담, 농업, 상업 등 수없는 재능이 있고, 그것을 잘 개발해 사용하는 것이 신의 뜻이라고 말했다.

우리가 일반적으로 말하는 인성 요소들 중 어느 것 하나 가치 없는 것은 없다. 정직, 신뢰, 약속 지킴, 배려, 봉사, 나눔, 소통, 협동, 우정, 공감, 연민, 지적 호기심, 헌신, 탐구, 개척정신, 자존감, 긍정, 자율, 도전, 비판, 포용, 협력, 존중, 인내, 회복, 융통성, 평화, 평등, 변별, 책임, 창의, 조화, 개방, 독립, 관리, 갈등관리, 다양성, 공동체, 민주, 적응, 유연, 능동, 대화, 타협, 민감, 정의, 시민의식, 청렴, 관용, 참여, 공존, 공유, 공정, 상생, 공생, 통합, 성실, 근면, 자조 등 시대와 사회에 따라 가치 있다고 여겨지는 거의 모든 가치와 덕목들이 인성교육 내용과 요소에 포함되어 있다.

그러나 인성을 해석하는 다양한 관점에 따라 인성교육에서 길러주려는 요소와 가치들을 다르게 다루어왔다. 그렇다 보니 대부분의 학교에서 인성교육을 실시하지만, 모호한 인성 개념과 지나치게 많은 인성 덕목들 때문에 학교나 교사에 따라 인성교육의 내용과 방식이 다른 경우가 많았다.

그렇다면 정작 대한민국에서 필요한 인성은 무엇일까? 21세기를 '여성, 영성, 음악'의 시대, '다양한 사고를 가진 다양한 사람들의 시대'로 정의한 것처럼 우리 사회는 여성적 감성, 신적 영성, 예술, 공감의 정서가 필요한 시대로 변해가고 있다. 그러므로 인성은 지성과 더불어 감성, 영성, 창의성이 조화를 이룬 전 인격적 감수성이며 대인감수성, 생활감수성이라 할 수 있겠다.


## 2. 인성은 나를 긍정하는 힘

긍정심리자본3)에 대해 처음 언급한 마틴 셀리그만Martin E. P. Seligman 은 인성의 개념을 성격적 특성과 더불어 재능까지 포함하면서 범위를 확대했다. 그는 긍정심리학의 VIA행동가치; The Values in Action 분류 체계를 다양한 경험과학적 방법론을 사용한 광범위한 연구를 통해 보편적이거나 편재遍在된 덕목들을 찾아내 체계적으로 분류했다. 이를 통해 그는 상위 6개 덕목과 그에 속하는 하위 24개 덕목이 역사와 문화를 초월해 보편적으로 존재하거나 적어도 편재한다는 것을 밝혀냈다.4)

3) 자기효능감, 희망, 낙관주의, 회복력의 네 가지 긍정심리 수용력을 통합하는 상위개념이다.
4) 《마틴 셀리그만의 긍정심리학》, 마틴 셀리그만 지음, 김인자·우문식 옮김, 물푸레, 2014

여기서 '덕목Virtue'으로 명명된 상위 덕목은 지성, 용기, 인애仁愛, 정의, 절제, 초월이다. 그리고 '성격 강점Character Strength'으로 명명된 하위 덕목은 6가지로 분류되는데, 각 '덕목'들은 3~5개의 '성격 강점'으로 구성되어 있다. 즉, 지성 덕목에는 창의성, 호기심, 개방성, 학구열, 지혜의 강점이 있고, 용기 덕목에는 용감성, 끈기, 진실성, 활력의 강점이 있으며, 인애 덕목에는 사랑, 이타성, 사회지능의 강점이 있다. 정의 덕목에는 시민의식, 공정성, 리더십의 강점이 있고, 절제 덕목에는 용서, 신중성, 겸손, 자제력의 덕목이 있으며, 초월 덕목에는 심미안, 감사, 낙관성, 유머감각, 영성의 강점이 있다고 하였다.

마틴 셀리그만이 정의한 긍정적 심리 요소들은 인성의 주요 구성 요소와도 일정 부분 겹치는 덕목들이다. 인성은 자기를 긍정하는 힘과 타인을 긍정하고 인정하는 힘의 원천이 된다. 자신을 사랑하고 장점을 내보이며 타인을 사랑하고 존중하는 평등한 삶의 자세가 인성을 이루는 핵심 개념이며, 이는 상호 교류를 통해 완성된다고 할 수 있겠다.

# 3

## 인성교육은 왜 필요한가?

인성진흥교육법5) 제2조(정의)에서 사용하는 인성교육의 뜻은 다음과 같다.

"인성교육이란 자신의 내면을 바르고 건전하게 가꾸고 타인·공동체·자연과 더불어 살아가는 데 필요한 인간다운 성품과 역량을 기르는 것을 목적으로 하는 교육을 말한다."

우리 민족은 전통적으로 인성을 중시해왔다. 고조선의 건국이념은 '널리 인간세계를 이롭게 한다'라는 '홍익인간弘益人間'이다. 이를 바탕으로 교육기본법 제2조에 "교육은 홍익인간의 이념 아래 모든 국

5) 법률 제13004호, 2015.1.20. 제정, 2015.7.21. 시행

민으로 하여금 인격을 도야하고 자주적 생활능력과 민주시민으로서 필요한 자질을 갖추게 함으로써 인간다운 삶을 영위하게 하고 민주국가의 발전과 인류공영의 이상을 실현하는 데 이바지하게 함을 목적으로 한다."라고 명시되어 있다.

이 문구는 완성된 인격을 바탕으로 자아실현을 추구하고 자주적 민주시민으로서 세계평화와 상생, 공영을 위해 봉사하는 한민족의 위대한 교육적 포부를 당당히 선포하고 있다. 우리는 역사적으로 어려운 시절도 있었지만 그때마다 홍익인간의 교육이념을 바탕으로 위기를 극복하면서 산업화와 민주화를 이루었다. 짧은 기간에 이러한 일이 가능했던 것은 '교육은 백년지대계'라는 사회적 공감대 확산과 자녀교육에 헌신했기 때문이었다.

그러나 최근 우리 삶은 위기상황에 놓여 있다. 세대 간, 계층 간 갈등이 사회문제로 불거지고 있으며, 희망없는 사회를 빗대어 자조하는 특정 용어들이 유행어가 되었다. 장기불황으로 인한 청년층 실업문제는 미래를 더욱 암담하게 만들고 구직 희망마저 앗아가고 있다. 사회를 향한 분노와 좌절은 불특정다수를 향한 묻지마 범죄로 나타나고 소수와 약자를 향한 혐오범죄로 표출되고 있다.

청소년들의 폭력과 '왕따' 문제도 날로 심해지고 있다. 게다가 극심한 성적 경쟁으로 청소년들은 극단적인 선택까지 하고 있는 추세다. 우리의 미래인 청소년들을 이 지경까지 내몬 것은 결국 기성세대의 책임이라고 할 수 있다. 기성세대의 인성 수준은 위기상황을 넘고 있으며, 사회지도층의 위선과 탈선은 그야말로 통제불능 상태에 가깝다. 선진화와 경제 성장만을 향해 달려온 우리 사회의 어두운 그림자라 할 수 있다. 그동안 우리는 사회범죄 증가와 인성교육 실패를 선진국으로 나아가는 과정에서 생기는 불가피한 일이라며 애써 눈감아왔다. 그 결과, 우리 사회의 전반적인 인성 수준은 수용 한계를 벗어났으며, 사회의 지속가능성이라는 관점에서 볼 때 근본적 성찰을 요구하고 있다. 이제는 달라져야 하고 바뀌어야 한다.

최근 여기저기서 '인성교육에 답이 있다', '인성이 실력이다'라는 슬로건들이 봇물처럼 터져 나오고 있다. 대한민국의 비전은 '인성이 미래다'라는 믿음으로 인성강국을 건설하는 데 있다. 우리나라는 사람이 최고의 자원이며 대안이고 미래이다. 사람은 절대 포기해서는 안 되는 존엄한 존재이다. 사람들과의 연대를 통해 미래를 만들어가야 한다.

우리 선조들은 위대한 유산인 홍익인간, 동방예의지국, 선비의 나라를 우리에게 물려주었다. 그리고 이를 바탕으로 자녀들을 가르쳤다. 수많은 외세의 침략, 국권 상실, 전쟁과 분단의 아픔을 겪으면서도 세계가 놀라는 산업화와 민주화의 기적을 이룬 것도 이 위대한 인성유산 덕분에 가능했다. 위기는 곧 기회다. 이제 교육 주체인 우리 부모세대가 솔선수범하여 자녀들을 섬기고 대한민국을 지금보다 더 나은 나라로 만드는 데 노력하고 힘을 합쳐야 할 때다.

## 1. 교육부 인성검사 핵심 덕목과 하위 요소

2015년 교육부는 인성교육진흥법 제정 이유 및 주요 내용을 다음과 같이 밝히고 있다.

"오늘날 고도의 과학기술 및 정보화시대에 강조되는 정보기술 발전과 활용의 원천은 인간에게 있고, 인간의 건전하고 올바른 인성人性 여하에 따라 그 의미와 가치가 달라진다는 점에서 더 장기적이고 진정한 경쟁력은 인성에 달려 있다고 할 수 있다. 이런 점에서 인성교육은 학교를 포함한 사회적 차원에서 종합적 · 상호 유기적 · 체계적으로 실시되어야 하며, 이에 대한 국가와 지역사회 차원의 노력과 지원이 필요하다고 하겠다. 이에 인성교육을 활성화할 국가 · 사회적 기반을 구축하고, 인성교육의 틀을 가정 · 학교 · 사회 협력 구조로 개편해 효율적인 인성교육 수행을 위해 이 법을 제정함으로써 장기 비전과 일관된 인성교육 정책을 추진하는 한편, 인성중심의 미래사회 핵심역량을 강화하려는 것이다."

그리고 다음과 같은 핵심 덕목을 제안하고 있다.

〈교육부 제안 핵심 덕목〉

| 핵심 덕목 | 하위 요소 | 내용 및 해석 범위 |
|---|---|---|
| 정직 | 솔직성 | 자신이나 타인에게 진실하고 솔직하기, 거짓말 하지 않기 |

| | | |
|---|---|---|
| | 용감성 | 위협, 도전, 난관, 고통으로부터 위축되지 않기, 저항이 있더라도 자신의 신념 지키기, 실수나 잘못을 숨기지 않고 인정하기 |
| 절제 | 자기조절 | 자신의 다양한 감정, 욕구, 행동 조절하기 |
| | 인내(끈기) | 시작한 일을 마무리해 완성하기, 난관에도 불구하고 계획된 행동을 지속하기 |
| 자율 | 자기 이해 | 자신을 객관적으로 알기 |
| | 자기 존중 | 자신을 소중히 여기기, 자신을 긍정적으로 바라보기 |
| | 자기 결정 | 주도적으로 자기 일을 처리하고 행동하기 |
| 책임 및 성실 | 근면 | 자신이 맡은 역할에 성실하기, 최선을 다하기 |
| | 약속 이행 | 약속 지키기 |
| | 책임 | 행위에 책임지기 |
| 배려 및 소통 | 타인 이해 및 공감 | 타인의 생각, 감정, 관점을 이해하고 알기 |
| | 관용(용서) | 타인에게 너그럽게 대하기, 타인과의 차이점이나 다름을 인정·존중·수용하기, 타인의 잘못 용서하기 |
| | 친절(이타성) | 타인에게 관심 갖고 도움 주기, 타인 보살피기 |
| | 사회지능 (사회성) | 타인의 감정 파악하기, 타인과 긍정적인 관계 형성·유지하기, 타인과 긍정적으로 상호작용하기, 갈등 해결하기 |
| 예의 | 효도 | 부모에게 효도하기 |
| | 공경 | 웃어른 공경하기 |
| | 공손(겸손) | 동년배나 아랫사람에게 공손하기, 바른 언어 및 행동하기, 예의범절 지키기, 허세 부리지 않기 |
| 정의 | 공정(형평) | 공평하게 대우하기, 평등하게 대우하기, 사회적 약자 보호하기 |
| | 인권 존중 | 편견을 갖거나 차별하지 않기 |

| 시민성 | 협동 | 집단 및 공동체 문제에 관심 갖고 협력하기 |
|---|---|---|
| | 질서 및 준법 | 질서, 규칙, 법 지키기 |
| | 애국심 | 나라 사랑하기 |
| 인류애 | 세계시민의식 | 인종·민족·국적·종교 등의 차이를 초월해 모든 인류 사랑하기, 전 지구적 문제 해결 위해 협력하기 |
| | 세계 평화 | 세계 평화와 비폭력 추구하기 |
| | 타문화 이해 | 타문화를 인정하고 교류하기 |
| 지식 및 지혜 | 개방성 | 사실을 있는 그대로 받아들이기, 반대 증거 고려하기, 열린 마음 갖기 |
| | 창의성 | 독창적으로 생각하기, 새로운 방식으로 일하기 |
| | 지혜 | 사물이나 현상을 전체 관점에서 생각하고 판단하기, 현명한 조언해 주기 |

※교육부 자료. (세종=연합뉴스). 2014.3.

## 2. 바람직한 인성교육 방법

인성이 자산이라는 것은 성격으로서의 인성과 재능으로서의 인성, 영성으로서의 인성을 개발해 성품과 성능과 영성이 조화된 인간이 되어야 한다는 것이다. 따라서 인성교육, 인성개발, 인성진흥은 인성의 다양한 구성 요소들과 재능의 다양한 구성요소들을 전체적, 요소별로 교육, 개발, 진흥시키려는 모든 활동을 포괄해야 한다.

교육부에서는 희망의 새시대를 열기 위해 관용과 배려, 협력 등에 기초한 더불어 사는 행복한 사회를 만들기 위해 학교, 가정, 사회가 함께하는 인성교육 강화를 역설하였다. 또한 행복과 끼를 키우는 행복교육 실현을 위한 학교문화 조성을 위해 배려와 나눔 등 더불어 사는 능력 함양에 방점을 찍고 있다.6)

교육부가 제안하는 인성의 핵심 덕목인 정직, 절제, 자율, 책임, 성실성, 배려 및 소통, 예의, 정의, 시민성, 인류애, 지식 및 지혜와 긍정심리학에서 말하는 지성, 용기, 인애仁愛, 정의, 절제, 초월, 에니어그램의 9가지 미덕인 사랑, 기쁨, 평화, 인내, 자비, 선행, 충성, 온유, 절제는 다양한 측면에서 인성의 핵심 요소들을 다루고 있다. 이 요소들을 향상시키기 위해 지적능력으로서 독서와 글쓰기, 감정적·의지적 능력으로 감사와 칭찬, 초월적 능력으로 영성, 시민성 향상을 위해 의사소통, 자신의 인생을 설계해나갈 수 있도록 진로 탐색 역량을 길러 민주시민으로서 행복하고 의미 있게 살아갈 수 있도록 조화로운 인성교육을 해야 한다.

---

6) '배려' 와 '나눔' 으로 모두가 행복한 인성교육 기본계획(안). 교육부. 2013.8.

# 4

## 인성교육의 올바른 방향

그렇다면 어떻게 해야 조화로운 인성교육이 가능할까? 그러기 위해서는 먼저 인성교육의 방향에 대해 알아볼 필요가 있다.

### 1. 인성교육의 기본 방향

인성교육진흥법 제5조에 나타난 인성교육의 기본 방향은 다음과 같다.

1. 인성교육은 가정, 학교, 사회에서 모두 장려되어야 한다.
2. 인성교육은 인간의 전인적 발달을 고려하면서 장기적 차원에서 계획되고 실시

되어야 한다.

3. 인성교육은 학교, 가정, 지역사회의 참여와 연대 하에 다양한 사회적 기반을 활용해 전국적으로 실시되어야 한다.

시대가 바뀌면서 인성교육에 대한 요구도 바뀌고 있다. 따라서 전통적인 인성교육의 근간을 유지하면서도 시대 변화에 따른 요구를 인성교육 방법론에 접목할 필요가 있다. 전통적으로 중시한 인성교육의 내용과 방법을 현재 우리 삶과 미래를 살아갈 우리 아이들의 새로운 특성과 요구를 반영해 구체적이고 과학적으로 적용해야 한다.


## 2. 교육 대상으로서의 인성

인간이라면 갖추어야 할 본성에 대한 생각은 사람마다 시대마다 다를 수 있다. 인간의 본성에 대한 논란은 기원전 중국의 전국시대에도 있었다. 모두 선한 본성을 갖고 태어난다거나 모두 악하게 태어난다는 주장부터, 사람은 선악이 없다거나 사람에 따라 선하게 태어나거나 악하게 태어난다거나, 선한 사람도 악한 사람도 바뀔 수 있다는 주장까지 다양했다. 이렇듯 다양한 해석을 낳는 것이 사람 성품이다. 하지만 교육의 대상, 교육의 가능성이라는 입장에서 바라볼 필요가 있다. 즉, 인성에 대한 출발이 어떻든 '가르쳐 변화될 수 있다'라는 면에서 생각해 봐야 하는 것이다.

인간이 선하게 태어나거나 악하게 태어나 가변성 없는 고정된 존재라면 교육의 여지가 없고 무의미해 질 것이다. 선하게 태어나든 악하게 태어나든 변화 가능성이 있는 존재로 바라보는 것이 교육유용론敎育有用論이며 교육입국敎育立國의 기치다. 오늘날의 우리 사회가 더욱 받아들여야 할 가치로 교사나 부모와 같은 성숙한 어른이 가르치거나 모범을 보임으로써 학생이나 자녀가 배우고, 또 상대적으로 학생이나 자녀를 통해 인간본성의 정직함과 감정을 표현하는 법을 배우는 것이 교육인 것이다.

사전적 의미로 '교육'은 '사회생활에 필요한 지식이나 기술 및 바람직한 인성과 체력을 갖추도록 가르치는 조직적이고 체계적인 활동다음 국어사전'이며, 사람이 살아가는 데 필요한 모든 행위를 교수·학습하는 일과 그 과정브리태니커 백과사전을 말한다. 인간은 다른 동물에 비해 미성숙한 존재로 태어나며 성장속도도 더디다. 그러나 인간은 사회생활을 통해 인간적 가치와 존엄에 대해 깨닫고, 그 가치를 실천하려 한다. 함께 어울려 성장하지 못한다면 인간적인 삶을 영위할 수 없다.

인간은 태어나 부모, 형제, 친지, 친척의 도움을 받으며 어른의 가르침을 받고 따르며 어엿한 사회 일원으로 성장한다. 아이는 가정에서부터 사람과 관계 맺는 법을 무의식적으로 배우게 되고, 친구들과 어울리며 또래 집단을 통해 그들만의 문화를 만들고 동질감을 형성하며 사회 일원으로 성장하게 된다. 따라서 더불어 살아가는 존재가 마땅히 지녀야 할 인성을 가르치고 기르는 실천적 교육은 가정과 학교, 사회가 함께 실천해 나가야 한다.

# 5

## 인성교육의 실천 방향

### 1. 근대 이전의 인성교육

우리 역사에서 인성교육은 인간교육이라는 명칭으로 삼국시대부
터 행해져 왔다. 충효를 근본으로 여기며 오덕五德인 인의예지신仁義
禮智信을 중시했다. 협동노동을 통해 공동체의식을 북돋은 두레정신
은 인성교육이 자연스럽게 승화된 실천적 사례다. 그리고 권선징악
과 상부상조를 지향하는 향약은 공동체가 함께하는 인성교육의 표
본이다.

우리 조상들은 개개인의 지知, 정情, 의意, 체體를 긍정적으로 변화
시켜 올바른 인간관계를 형성하고 바람직한 품성을 함양시키기 위
해 인성교육을 실천해왔다. 조선시대에는 왕세자도 문답과 토론 등

의 소통으로 모범을 보이며 실천하도록 인성교육을 받았다.

하지만 인성에 대한 근본적 생각은 변함이 없을지라도 시대가 바뀌어감에 따라 강조하는 인성 영역과 요소 및 인성교육 방법은 달라질 수 있다. 따라서 전통적 인성 요소를 존중하면서 현대사회에서 강조될 인성 요소를 새로운 관점에서 생각해보아야 할 것이다.


## 2. 근대 이후의 인성교육

근대교육에서 인성교육은 학교교육의 중요한 부분으로 여겨지기 시작했다. 1970년대에 들어서는 사회와 경제 급변에 불안을 느끼면서 사회혼란의 해결책으로 인성교육을 더욱 강조하였다. 초·중·고등학교 도덕교육은 학생이 자신을 이해하고 일상생활에 필요한 규범과 예절을 익히며 국가·민족 구성원으로 그리고 민주시민으로서 바람직한 삶을 살아가는 데 도움을 주는 내용으로 구성되었다. 이를 통해 인간으로서 마땅히 지키고 실천해야 할 보편적이고 이상적인 가치와 바람직한 생활 기준이 되는 도덕규범을 내면화시켜 올바른 행동습관을 기르는 동시에 다양한 도덕적 문제를 합리적으로 해결할 도덕적 사고력과 가치판단 능력을 길러주는 인성교육에 역점을 두었다. 그리고 1980년대 후반부터는 도덕교과서 위주의 지식교육을 지양하고 실천 위주의 인성교육이 이루어졌다.

우리나라 인성교육은 그동안 많은 수정, 보완을 거치며 발전되어 왔다. 정직, 책임과 같은 인성 요소는 전통적으로 우리 교육이 구현하려는 덕목이었고, 도덕이나 윤리교과 교육을 통해서는 지금까지도 꾸준히 인지적 접근을 계속해오고 있다.

하지만 아직도 인성교육은 주지주의 도덕교육에 기초해 지식교육 위주로 실행하려는 경향이 있다고 지적받고 있다. 학교에서 행해지는 도덕교육이나 윤리교육이 도덕적으로 통합된 인간다운 인간을 기르는 데 관심을 두기보다 오히려 도덕적 행위나 실천과 유리된 도덕적 사고나 지적 판단 과정만 강조함으로써 배워서 아는 것과 실천하는 것이 통합되지 못하고 정의적 측면을 간과한 문제점이 있다는 것이다. 또한 1997년 교육개혁 이후 인성교육에 대한 많은 문제점이 지적되면서 실천 위주의 인성교육이 행해지고 있지만 인성교육에 대한 교육관계자들의 뚜렷한 철학과 구현 의지의 미약으로 인해 시행해볼 만한 프로그램이 개발되어 있지 않다는 문제점이 있다.


## 3. 인성이 자산이다

존 맥스웰John C. Maxwell은 "많은 사람들은 지식을 가지고 잠시 성공하고, 몇몇 사람들은 행동을 가지고 조금 더 오래 성공하지만 소수의 사람들은 인격을 가지고 영원히 성공한다"라고 말했다. 일반적으로 사람들은 지능지수IQ를 중요하게 생각한다. 지능지수 검사는 언어능력, 수리능력, 추리력, 공간감지력을 종합적으로 테스트하는 것인데, 130이 넘으면 수재, 140이 넘으면 천재라고 평가한다. 하지만 IQ가 높다는 것과 한 사람의 성공 여부와는 별 상관이 없다는 사실은 이미 여러 번 입증이 되었다.

노벨 물리학상 수상자인 리처드 파인만Richard Phillips Feynman의 IQ는 123으로 알려져 있다. 통상 천재로 생각하는 140에는 턱없이 부족한 수치이다. 멘사Mensa클럽에서 그에게 가입을 권유했을 때, 그는 "나는 당신들보다 지능지수가 낮아 가입할 수가 없다"고 잘라 말하며, 지적 허영에 찬 멘사를 비꼬았다고 한다.

또한 지능지수에 관해서는 스탠포드 대학 루이스 터먼 박사의 연구가 잘 알려져 있다. 그는 초등학교와 중학교에서 명석하다고 추천을 받은 25만 명을 상대로 IQ검사를 실시해서 140이 넘는 학생들 1,500명을 선정했다. 그 후 수십 년 동안 이 아동들을 면밀히 관찰했다. 연구 결과, 이 집단에서 뛰어난 업적을 낸 사람은 나오지 않았다. 물론 사회적으로 성공한 사람들이 있었지만, 그 비율은 평범한 아동들을 대상으로 했을 때의 비율과 크게 다르지 않았다고 한다. 결국 루이스 터먼 교수는 오랜 추적 연구를 통해 성공의 조건은 실력이 아니라 '좋은 인성'이라는 결론을 내렸다. 이처럼 지능지수는 사람의 성공여부를 예측하는 절대적 수단은 아니라는 사실을 알 수 있다. 이에 대해 하워드 가드너Howard Gardner는 IQ 검사가 놓치고 있는 성공의 열쇠를 '인성지수cq'에서 찾고 있다. 즉, 수학 분야든, 논리 분야든, 운동 분야든, 음악 분야든, 무엇이든 간에 성공하기 위해 재능과 함께 반드시 필요한 것이 인성지수라는 것이다.

그는 인성지수를 크게 두 가지로 나눴는데, 자기 자신을 이해하는 능력과 다른 사람을 이해하는 능력이 그것이다. 전자, 즉 자기 자신을 이해하는 지수에 가장 큰 영향을 미치는 것은 감정조절 능력이다. 자기의 감정 상태를 정확히 인지하고 자기의 감정 상태를 자기가 원하는 방향으로 조절할 줄 알 때 인성지수는 높아진다.

한편, 다른 사람을 이해하는 능력이란, 다른 사람의 감정 상태를 파악하여 분위기를 맞추고, 타인의 태도 변화에 영향을 미칠 줄 아는 능력이다. 결론적으로, 자기 자신의 감정을 조절하고 남을 배려함으로써 인간관계를 잘 맺고, 유지하고, 조절하고, 갈등을 관리하는 능력이 강한 사람이 성공할 가능성이 많다는 것이다. 이처럼 인성은 개인의 행복 뿐 아니라 사회적 성공과도 밀접하게 연관되어 있다.

지금까지 우리나라 교육은 개인의 실력에만 치중하고 인성을 등한시함으로써 학교폭력, 부모학대, 노인학대, 부정부패, 자살 등 각종 범죄 발생률 세계 상위권이라는 불명예를 낳았다. 우리 아이들을 '진정한 성공자'로 길러내고 싶다면, 우리 교육은 도덕성을 중시하고 아이들에게 인성을 가르쳐 주며 바로잡아 주는 방향으로 나가지 않으면 안 된다. 네이버 대국민 설문조사의 결과7)에 따르면, 앞으로 인성

7) 뉴시스, 2012.7.

을 갖추는 것이 사회생활에서 지금보다 더 중요해질 것이라고 생각하느냐는 질문에 매우 그렇다 71%, 그렇다 21%로 절대 다수가 긍정적으로 인식하였으며, 부정적인 인식은 8%에 그쳤다.

이창호스피치는 "인성지수를 바탕으로 해야 자아실현을 추구하고, 민주시민으로서 국제평화와 상생, 공영, 협치를 위해 나눔을 실천할 수 있으며, 한민족으로서 세계경쟁에서 당당하게 앞장설 수 있다"라고 말했다. 또한 자녀를 육성함에 있어서도 자녀의 달란트<sub>타고난 능력</sub>를 발견해 갈 수 있도록 하는 동시에, 자기 감정을 조절하고 남을 배려할 줄 아는 인성지수를 길러주어 다른 사람과 통합할 줄 아는 사람이 될 수 있도록 관심과 노력을 기울여야 할 것이라고 주장하였다.


## 4. 외국의 인성교육


각 나라는 저마다의 관행과 전통을 지니고 있다. 그에 따라 제각기 다른 인성교육을 수행하고 있다. 이런 맥락에서 우리보다 일찍 인성교육에 눈을 돌리고 심도 있는 연구와 지원으로 이루어진 외국의 여러 인성교육 프로그램 중에서 미국, 일본, 독일, 프랑스 등의 사례를 살펴보는 것도 의미 있는 일이라 생각된다. 21세기를 이끌 보편 윤리 Universal Ethics는 무엇이 되어야 할 것이며, 그것을 수용하면서도 우리 공동체에 특유한 삶의 방식을 어떻게 간직하고 지켜 나가야 할 것인지 함께 모색해보자. 타인을 알고 이해하는 것은 우리 자신을 발전시키고 성숙하게 만드는 자양분이 될 것이며, 특히 지구촌 시대, 세계화 시대에 있어서는 다양한 문화에 대한 이해와 인식은 필수요건이 되었다. 인성에 대한 관심은 외국도 예외가 아니며 선진국일수록 인성교육에 중점을 둔다. 일찍이 산업화, 선진화 과정에서 인성 부재가 초래한 사회문제의 심각성을 경험했고, 인성이 최고의 자산임을 인식하기 때문일 것이다.

## 1) 미국

미국 사람들은 규칙을 대단히 중요하게 여긴다. 그들은 규칙을 정하고, 그것을 실천에 옮기는 일에 많은 시간과 노력을 들이며, 자녀들에게도 규칙이 필요하다고 생각한다. 뚜렷한 규칙이 없는 자녀들은 지침이 없기 때문에 충동적으로 행동하고 불안해 한다는 것이다. 그들이 규칙을 정할 때는 '해서는 안 되는 것'보다 '해야 할 것'을 규칙으로 정하는 경우가 많다. 현재 미국에서 활용 중인 인성교육 프로그램은 크게 5가지다.

첫째, CDPChild Development Project 인성교육 프로그램이다. 이는 상호관계를 돕는 협동학습활동과 타인에 대한 이해와 자기통제를 키우는 인성교육이다.

둘째, 역사교육을 통한 인성교육Facing History and Ourselves 프로그램이다. 인간성 속에 내재된 편견을 불식시킬 목적으로 만들어진 것으로써, 예를 들어 인간가치와 존엄성을 인식시키기 위해 나치의 학살을 주제로 한 프로그램을 운영하는 것이 대표적이다.

셋째, 법 의식교육Law in Free Society 프로그램은 캘리포니아 변호사협회가 주관, 지원하는 인성교육이다. 여기서는 법에 대한 이해와 존경을 가지도록 하는 것을 중요한 목표로 삼고 유치원부터 고등학교까지 매우 다양하게 권위, 정의, 사적 권리, 책임, 자유, 다양성, 참여 등을 주요 덕목으로 가르친다.

넷째, VIFVoice for Love Freedom 프로그램은 하버드대 로봇 셀만R. Selmen교수에 의해 개발되었다. 사랑과 자유가 주요 테마로 등장하는 이야기를 청소년에게 들려준 후 각자 생각을 이야기하고 토론하게 함으로써 도덕성과 인성을 함양시키는 프로그램이다.

다섯째, 정의 공동체교육Just Community Approach 프로그램이다. 오늘날 미국은 물론 세계 곳곳에서 가장 널리 활용되는 대표적인 인성교육 프로그램의 하나로 학교뿐만 아니라 교도소나 집단생활 장소에서도 활용되고 있다.


## 2) 독일

독일은 제2차 세계대전 이후 독재에 대한 혐오와 인류애, 민주주의 등을 중시하는 교육을 근본 목적으로 하는 총체적인 인성교육 정책을 실시하고 있다. 바덴뷔르템베르크 등 독일 주요 주 교육법에서 교육의 목적을 인성교육으로 명시하고 있다. 이를 통해 사회적 품성을 기르는 데 주력하며 일반교과에서 인성의 주요 덕목들을 자연스럽게 체화할 수 있도록 수업을 진행한다.

독일의 인성교육은 저경쟁 교육Low Competitive Education, 인문교육과 직업교육을 분명히 구분하는 학제와 복지제도 등 사회적 조건, 엄격한 법 규정과 교사의 높은 권위 등을 바탕으로 교육 전반에 내재화된 총체적 인성교육이라는 특징을 지니고 있다. 학생들의 전반적인 생활과 일상교육을 통한 인성함양을 중시하며, 독일 학교교육에서는 따로 인성교육을 실시하지 않고 모든 교과교육에 흡수해 총체적으로 실시하고 있다.

부모들이 자녀에게 바라는 것은 다른 무엇보다 아프지 않고 잘 노는 것이다. 독일의 아이들은 놀면서 배운다. 또한 놀이를 통해 교우관계를 형성하며 자연스레 리더십을 익히고 협동 정서를 배워나간다. 열심히 놀고 있는 아이들은 건강한 독일의 미래인 것이다.

### 3) 영국

영국은 세계적인 인성교육 강국으로 다양한 시민단체들에 의해 다양한 민주시민교육이 학교현장에서 끊임없이 실시되고 있으며, 2000년대 이후 시민양성에 대한 인식이 높아지면서 시민성 함양을 위한 인성교육이 강조되고 있다. 학교는 그 주체로서 역할이 약해 학부모나 지역단체, 종교단체 등의 협조가 필수적이라고 여겨 지역단체와 종교단체가 인성교육에서 큰 역할을 하고 있다.

또한 여왕으로 대표되는 나라 영국에서 왕실은 최상류층으로서 도덕적 의무를 성실히 수행한 노블리스 오블리주noblesse oblige정신을 이어오고 있으며 몸소 실천한 사례들이 있다. 이런 배경에는 영국 왕실의 인성법이 있다. 엘리자베스 여왕의 어머니는 2차 세계대전 중 독일이 런던을 공습하는 가운데 현재 여왕인 엘리자베스 공주와 마거릿 공주를 데리고 폭격으로 집을 잃은 사람들을 위로해 국민들의 존경을 한 몸에 받았다. 또 1990년대 말, AIDS 환자와 악수하며 세계적으로 찬사를 받았고, 늘 약자를 돕는데 앞장섰던 고 다이애나 왕세자비가 있었으며, 윌리엄과 해리 왕자는 성실히 군복무에 임하며 전쟁터로 나가는 것을 마다하지 않았다. 천 년 동안 대를 이어가며 국민들에게 보여준 왕실의 권위와 위엄 그리고 헌신적인 봉사가 있었기 때문에 엘리자베스 여왕을 주축으로 한 영국 왕실이 여전히 영국을 대표하는 하나의 상징으로 남아 있는 것이다.

## 4) 프랑스

프랑스에서는 인성교육을 위해 비용의 70%까지 국가에서 지원하는 클라스드 네쥬 등 각종 레저시설과 사회교육 프로그램을 다양하게 개설해 인성교육과 정서교육을 매우 효과적으로 진행하고 있다.

또한 아이들은 어려서부터 똘레랑스tolerance 철학, 똘레랑스 문화에 노출되어 자라기 때문에 더불어 살아가는 삶에 대해 자연스레 익히게 되고 가치를 실천한다. 똘레랑스의 가장 중요한 의미는 '다른 사람이 생각하고 행동하는 방식의 자유 및 다른 사람의 정치적, 종교적 의견의 자유에 대한 존중'이다. 내가 존중받으려면 남을 존중할 줄 알아야 한다는 철학이 반영된 것이다. 프랑스에서는 상호 교류하며 더불어 살아가는 삶의 철학을 어릴 때부터 호흡하듯이 받아들이게 되는데, 사회 전체가 거대한 인성교육의 장이 되는 것이다.

### 5) 호주

호주에서는 바람직한 인성을 갖추는 데 필요한 가치를 함양하고 내면화시키는 방향으로 인성교육이 실시되고 있다. 2005년 정부 차원에서 공식적인 가치교육을 위한 교육정책을 수립하고, 다음과 같이 9가지 가치를 규정하고 있다. ① 관심과 연민 ② 최선을 다하는 자세 ③ 공정한 과정 ④ 자유 ⑤ 정직과 신뢰 ⑥ 진실성 ⑦ 존중 ⑧ 책임감 ⑨ 이해와 관용·포용이 그것이다.

또한 다민족, 다인종 국가인 호주에서는 시민교육이 운영되고 있는데, 대표적인 호주 시민교육 가이드라인으로 정부 주도의 '디스커버링 데모크러시Discovering Democracy'가 있다. 이는 호주의 미래 세대가 반드시 익히고 배우며 또 인내해야 할 가치에 대해 가르치고, 민주제도가 어떻게 작동하는지 보여주며, 능력 있는 시민으로 살아갈 수 있도록 자신감을 고취시키고자 하는 교육 방식이자 과정이다. 이 과정은 각 학교 실정과 지역 특성을 고려해 다양한 교내활동과 접목시켜 실시되고 있으며, 학생들은 이를 통해 일찍이 민주시민으로서 소양을 익혀 나간다.

## 6) 핀란드

핀란드는 세계가 모범으로 삼는 인성교육 강국이다. 2003~2007년 '국가 청년참여 프로젝트National Youth Participation Project'를 실시하는 등 국가 차원에서 학생들의 사회적 참여를 지원하는 것이 특징이다. 학생들이 다양한 행사를 주도하고, 자발적으로 참여하는 과정에서 리더십, 협동성, 책임감 등의 인성요소가 발달하도록 지원한다.

또한 모든 학생이 인적자원으로 성장할 수 있도록 우열을 가리지 않는 협동교육을 추구하고 있다. 초·중등 교육과정 관련 문서에는 대인관계, 자기관리, 시민의식 등 인성교육이 추구하는 바가 내재되어 있다. 교육의 이론적, 실천적 측면에 인성교육에 부합되는 가치가 녹아 있는 것으로 볼 수 있다.

핀란드는 인성교육을 교과교육으로 편성하고 주제별 체험활동 프로그램을 통해 학교 안에서 다양한 방법으로 인성가치를 익히고 실천할 수 있도록 하고 있다. 전통적으로 추구해온 '평등교육' 실현을 위해 소규모 학습집단 구성 등 개별화수업을 활성화하고, 그룹 활동 등을 통해 학생들이 상호협력하여 문제를 해결할 수 있도록 공동체 의식, 소통능력을 함양할 수 있는 교육환경을 조성한다.

아울러 교과별 인성교육 덕목존중, 배려, 기본 예절, 규칙 준수, 정직, 관용, 정의을 추출해 수업을 통한 내면화를 유도하고 왕따 등 교우관계에서 문제가 발생할때는 교사, 학생, 학부모 등의 상호토론 및 협의를 통해 문제를 해결가정, 지역사회 협업한다. 핀란드에서는 전통적으로 학교에서 공동체교육을 실시하고 인성교육은 가정의 역할로 받아들여져 왔지만, 인성교육을 공교육의 장으로 확실히 끌어들여 학교와 지역사회가 함께 교육주체로 활동하고 있다.


### 7) 일본

일본은 학교교육법 시행규칙과 각 학교별 학습지도 요령에서 도덕교육을 중시하고 이를 근거로 중앙부처 및 지역교육위원회에서 관련 정책을 수립해 학교 현장에 전달하고 있다. 도덕이 학교교육 전 과정에 스며들도록 하고 있으며 최근 '특별 교과 도덕'(가칭) 도입을 추진 중이다. 또한 '도덕교육 추진교사제'를 시행 중이며 도덕수업에서 학교, 가정, 지역사회 연계를 강화하고 있다. 일본에서 인성교육은 '마음의 교육心の教育'이라 불리며, 풍부한 인간성 함양을 목표로 하고,

각 학교에서 인성교육 추진 성과를 평가하는 노력을 기울이고 있다.

1980년대 이후 사회문제로 떠오른 소위 '이지메' 현상이나 학교폭력과 같은 문제행동들이 가정교육 소홀에서 유발되었다고 보고 가정을 아이들의 가치관과 기본 생활습관이 형성되는 장場이자 출발점으로 인식하고 있다. 특히 가정이 타인에게 폐를 끼치지 않으려는 배려심이나 기본적 윤리관, 사회예절 등을 기르는 데 중요한 역할을 수행하는 것으로 인식하고 있다.

오늘날 이와 같은 선진국들의 인성교육은 우리에게 시사하는 바가 크다. 첫째, 여러 선진국에서는 우리나라처럼 실천 위주의 인성교육을 강화할 뿐만 아니라 전 교과활동에서 인성교육을 체득하도록 지도하고 있다. 둘째, 체험 중심의 인성교육이 강조되고 있으며, 특히 봉사활동은 사회·문화적으로 정착되어 생활의 일부로 자리잡았다. 이러한 선진국들의 발자취를 따라 우리나라 인성교육 프로그램도 좀 더 다양한 실천 프로그램을 개발하고 강화해 나가야 할 것이다.

## 5. 인성교육 강사 양성이 시급하다

우리는 급변하는 세계와 지역 정세 속에서 국운을 걸고 인성교육을 국가 제1의 정책으로 적극 추진하기 위해 인성교육 의무화 규정인 인성교육진흥법을 시행하고 있다. 이 법은 건전하고 올바른 인성을 갖춘 시민을 육성하여 국가사회 발전에 이바지하게 함을 목적으로 한다. 인성교육은 자신의 내면을 가꾸고 타인이나 공동체와 더불어 살아가는 데 필요한 역량을 기르는 교육이다. 인성교육진흥법은 인성교육의 기본 방향을 '가정과 학교, 사회에서 모두 장려되고 인간의 전인적 발달을 고려해 장기적 차원에서 계획되어야 하며, 다양한 사회적 기반을 활용해 전국적으로 시행되어야 한다'를 주요 골자로 한다.

그렇다면 대한민국의 인성교육을 짊어지고 있는 인성교육 강사들은 과연 제대로 된 인성교육에 앞장서고 있는 것일까? 결론부터 말하자면 '아니다'이다. 인성 강사는 시민에게 올바른 국가관을 전할 수 있어야 하며 바람직한 인성 함양을 위한 참교육을 통해 인간이 가져야 할 양심, 도덕, 책임감, 정직, 소통, 공동체 의식, 정의, 협치, 의리 등 인성의 가치를 깨닫게 해야 한다. 이런 점에서 인성교육 강사의 자질과 가치관은 무엇보다도 중요하다. 이는 국민의 건전한 인성 형성과 대동단결을 이끄는 힘으로 작용하기 때문이다.

그런데 현재 활동 중인 인성교육 강사들 중에는 충분한 자질과 올바른 가치관을 갖추지 않은 사람이 부지기수다. 그들은 단지 인성교육 강사를 소위 '뜨는 직업' 정도로 여기고 역량 미달인 채로 전국을 누빈다. 그들과 같은 인성교육 강사로 활동하는 필자로서는 매우 부끄러운 일이다.

미래의 인재를 키워내는 인성교육 강사는 건강한 가치관을 지녀야 함은 물론 모든 새로운 것에 대한 지적 호기심이 넘쳐야 한다. 급변하는 시대에 맞는 글로벌 인재를 양성하기 위해서는 인성교육 강사의 역량 강화가 필요하다. 이런 점에서 인성교육 강사는 부단한 연구와 개발을 통해 실력을 갖추고 또한 부단히 성찰하고 사유하며 내면을 닦아나가야 한다.

더불어 공교육과 접목할 수 있는 미래 교육의 대안 마련을 위한 집중적 논의의 장을 마련하고, 지역 사회의 크고 작은 문제를 학생들이 직접 해결하게 하는 등 창의력과 인성, 리더십 함양을 위한 자기 주도적 교육 커리큘럼을 갖추어야 한다. 이를 위한 교사 연수 및 자체 동아리 운영을 통해 교사들의 역량을 강화해야 한다. 교사의 업무 경감과 교육 투자 병행을 통해 이를 뒷받침할 수 있게 해야 한다.

미래의 교육은 '집어넣는 교육'이 아니라 '끄집어내는 교육'이 중심이 되어야 한다. 사람들의 잠재력과 바람직한 가치관을 '찾고 키워주는' 교육을 통해 '창의성'과 '인성'을 함양할 수 있다. 특히 국가와 지방자치단체는 인성교육진흥법에 따라 인성교육에 관한 장기적이고 체계적인 정책을 수립하여 시행함과 동시에 상황에 적합한 인성교육 시책을 마련해야 한다.

40년 가까이 마이크를 잡은 필자도 간혹 강의에 실패할 때가 있었다. 청자의 반응은 좋았으나 스스로 만족하지 못했던 경우도 있었고, 강의 평가는 미흡했지만 피드백이 좋아 다시 강의에 초청받아 간 적도 있었다. 다양한 사고방식과 욕구, 가치관을 가진 청자를 모두 충족시키기란 쉬운 일이 아니다.

요컨대 인성교육 강사는 청자들의 다양한 사고방식과 가치관을 존중하고 나아가 올바른 자아 성찰의 계기를 마련해 주기 위해 노력해야 한다. 한 번의 훌륭한 강의가 사람들에게 인생의 전환점을 만들어 줄 수 있다는 사실을 명심해야 한다. 더불어 인성교육 강사는 투철한 사명감에 바탕한 소명의식 확립을 통해 대한민국의 미래를 선도하는 역할자라는 사실도 상기할 필요가 있다. 한편 신뢰하는 사회, 배려하는 사회로 발전하는 데 절대적으로 필요한 인성교육 강사가 절실하다.

■ 참고문헌

· 《인격론》, 새뮤얼 스마일스 지음, 강형구 옮김, 해피앤북스, 2013
· 《인격이 운명이다》, 존 맥케인 · 마크 솔터 지음, 윤미나 옮김, 21세기북스, 2006
· 《마틴 셀리그만의 긍정심리학》, 마틴 셀리그만 지음, 김인자 · 우문식 옮김, 물푸레, 2014

# 2장

# 일상이 주는 선물,
# 배려

박복임

# 1

## 세상에 대한 지극한 관심

언제인가부터 배려라는 말은 일상에서 자연스럽게 쓰이는 단어가 되었다. 뒷사람을 위해 출입문을 잡아줄 때에도, 대중교통을 이용하면서 자리를 양보할 때에도 남을 배려했다는 말을 쓸 정도로 광범위하게 쓰이고 있다. 흔하게 쓰이는 배려라는 단어의 뜻은 무엇일까.

배려配慮: 도와주거나 보살펴 주려고 마음을 씀.[1] 사전에서는 배려의 의미를 이렇게 정의한다. 영어로는 광범위한 의미에서 care로 대체할 수 있겠고, 한자 그대로 풀어보면 생각이나 걱정慮을 고루 나누어 분배配한다는 뜻이니, 세상살이에 가장 적합한 단어가 아닌가 하는 생각이 든다. 배려는 기본적으로 갖추어야 할 인성덕목이며, 나 아닌 세상의 모든 것을 향한 지극한 관심의 출발점이자 존중과 애정

1) 국립국어원 표준국어대사전

의 표현이다.

배려윤리의 철학을 체계화한 철학자 나딩스Noddings는 배려의 구성요소를 크게 전념, 공감, 수용, 확언의 네가지로 나누었다. 첫째, 전념은 상대에 대해 어떤 선입관도 갖지 않고 열린 마음으로 그의 말을 듣고 경청하는 것을 말한다. 둘째, 공감은 진정으로 듣고 있다는 것을 상대방이 알게 하는 무언의 언어이자 상대의 경험을 마치 나의 경험으로 느끼는 능력이라고 설명한다. 셋째, 수용은 상대방이 배려받고 있다는 사실을 아는 것으로 서로 배려받고 배려하는 관계를 인식하는 것이다. 마지막으로 확언은 상대방의 잠재력과 훌륭한 자아를 찾아서 격려하는 행위로서 상호 간 신뢰를 바탕으로 해야 한다. 배려는 상대방과의 신뢰를 바탕으로 한 상호 관계 속에서 수용되어야 하는 감정이라는 것이다.[2] 나딩스의 배려 개념은 실제 교육현장에서 다양하게 활용되고 있다.

굳이 철학적 정의에 국한하지 않더라도 배려라는 말은 일상에서 쓰이는 보편용어로 자리잡았다. 개인 간에 주고받는 감정 교류에서뿐만 아니라 배려감성을 앞세운 공익광고가 등장하기도 하고, 정책적으로 사회적 배려 대상을 설정해 지원할 만큼 공적 영역에서 쓰이고 있다. 배려라는 말은 소통, 인성 등의 말과 더불어 오늘날 대한민국의 현실을 설명하는 용어 중 하나임에 틀림없다.

배려가 일상을 지배하는 감성이 되면서 배려의 의미가 크게 도드

2)《정의와 배려》카츠·나딩스·스트라이크 지음, 윤현진·박병춘·황인표 옮김, 인간사랑, 2007.

라지기도 하고, 때론 퇴색될 때도 있다. 폐지를 잔뜩 실은 노인의 손수레를 끌어주는 젊은이들 사진이 온라인에서 화제를 모을 때나, 사회적으로 물의를 일으킬 만한 사건이 발생했을 때 배려라는 개념이 우리 사회에서 어디까지 받아들여지고 있는지, 나아가 어떤 양상으로 표출되는지 알 수 있다. 그 속에 우리 사회에 대한 성찰과 반성이 들어 있고, 우리가 어떤 방식으로 서로 관계를 맺고 있으며, 인간 중심을 외치는 세상 속의 어디쯤에 서 있는지 명확하게 볼 수 있기 때문이다. 배려는 한 사회의 도덕성 정도를 가늠할 수 있는 척도이자, 서로가 서로의 민낯을 비춰 보여주는 거울이다.

배려의 가치가 구성원들에게 제대로 받아들여지고 있는지, 배려라는 말이 주는 무게감에 당혹스러워하지는 않는지 우리가 서 있는 자리를 둘러보아야 한다. 그 어느 때보다 솔직하게 나와 너, 우리 사회의 마음을 들여다보자.

# 2

## 배려는 연대감을 표현하는
## 사회적 언어이다

### 1. 성숙한 사회와 배려문화

한동안 온라인에서 '~녀', '한남'이라는 말이 유행처럼 번지며 특정 현상이나 특정 사건을 지칭하여 성차별을 부추기고 사회 구성원 간에 갈등을 조장하며 비난과 모욕의 대상이 되었다. 그런데 이런 현상이 사회 전반으로 광범위하게 퍼지더니 단순한 현상 비판을 넘어 혐오 감정으로 발전하면서 불특정 다수를 겨냥한 혐오문화가 사회에 번져가게 되었다. 성별, 세대, 계층에 따라 다양한 별칭들을 써가면서 서로가 서로에게 심리적 폭력을 행사하고 있는 듯하다.

벌레를 뜻하는 충을 붙여 '급식충', '학식충', '맘충'이라는 용어를 쓰고, '아재'나 '틀딱'과 같은 말로 세대별 갈등을 드러내고 있다. 이러한 갈등용어들이 이미 세대와 사회 현상을 대변하는 키워드 중의 하나로 자리잡았음을 알 수 있다. 이 말에 숨은 일방적 폭력성은 대상이 되는 상대에 대한 비하와 조롱에서 출발했으나 어느새부터인가 자조의 말, 자기비하의 말로 쓰이면서 가벼운 농담처럼 소비되기도 한다. 이를 두고 반짝 유행어로 넘겨 듣기에는 사회적 파장이 만만치 않다는 생각이 든다. 사회적으로 타인을 배려할 줄 모르는 문화, 나도 배려받지 못하는 문화를 당연하게 여기는 데에서 비롯된 것이다.

이런 말들은 온라인을 벗어나 일상에서 걸러지지 않은 채 쓰이고 있다. '재미있잖아, 그냥 말만 하는 거야'라며 웃어넘기지만 이 말 속에 숨은 배려 없는 폭력성을 되돌아 봐야 할 것이다. 대상이 되는 특정 집단은 상처를 입게 되지만, 우리 사회는 이들을 위로해 줄 만한 여유도 없었고, 화해의 말들이 제대로 전달되지도 않았다. 오히려 세대 간, 성별 간 갈등을 부추기고 계층 간 간극을 더욱 벌려 놓는 끔찍한 사건들이 일어나기도 하였다. 봉합할 수 없는 틈새로 갈등이 자라나고, 화해의 목소리는 응답받지 못하는 공허한 소음이 될 수밖에 없었다.

배려와 소통, 인성이라는 말이 사회적으로 널리 통용되는 요즘의 분위기를 생각하면 도대체 왜 이런 일이 벌어지는지 안타까울 따름이다. 부의 양극화가 해결되면 골 깊은 갈등은 수그러들 수 있을까? 정책적으로 처벌을 강화하고 온라인 통제를 병행하면 갈등은 해결될 수 있을까? 물론, 일시적으로 갈등이 봉합된 듯 보일 순 있겠지만 눈에 보이지 않을 뿐 밑바닥으로 숨어들 것이다.

다행히도 이런 갈등을 딛고 일어설 수 있는 힘이 우리 안에 있다. 서로를 향한 몰이해를 딛고 배려와 소통 등을 통해 그 힘을 회복해야 한다. 특히 배려는 우리가 눈으로 볼 수 있고 느낄 수 있으며 나눌 수 있는 심리감정이다. 상대방을 생각하는 말 한마디, 사소한 몸짓만으로도 당신을 이해하고 있으며 나 역시 같은 감정을 느낀다는 것을 표현할 수 있기 때문이다.


## 2. 내 안에 숨은 배려의식

배려는 개인과 개인, 집단과 집단, 공동체와 공동체를 잇는 다리 같은 역할을 하는 감정이라 할 수 있다. 서로 다른 가치와 목적, 생활방식을 가진 존재들을 하나로 엮는다는 건 애초에 불가능하다. 세계는 각종 온라인 플랫폼을 통해 가치가 공유되고 사건사고를 담은 영상, 글들이 무차별적으로 뿌려지고 있다. 지역과 인종, 시차를 뛰어넘는 플랫폼의 장점은 선순환 고리를 만들기도 하지만 악순환의 고리를 만들기도 한다. 온라인을 통해 어떤 가치가 우선적으로 공유되느냐에 따라 사회가 향해가는 목적지, 집단 의식이 흘러가는 방향을 가늠할 수 있다.

약자임에도 불구하고 사회에서 약자로 인식하지 않으려는 계층이 있다. 바로 청소년층이다.[3] 이들은 급식충이라 불리우고 스스로를 그렇게 부르며 자기들만의 언어인 급식체를 쓰는 등 온라인에서 강한 유대감을 보인다. 여론 주도층은 아니지만 이들은 여론이나 사회 분위기에 민감하고 감수성이 상대적으로 유연하여 이에 편승하는 정도가 빠르고, 일단 여론을 받아들이면 온·오프라인을 통해 빠르게 결속하여 여론을 끌고 나가기도 한다.

하지만 청소년들은 정작 현실에서 부딪치는 일상의 문제들에 대해 제대로 목소리를 내지 못하고 있다. 학교 폭력을 예로 들어 보자. 학교 폭력 문제는 우리 사회의 아픈 단면을 그대로 보여주는 삶의 장이다. 청소년들은 삶에 대한 가치체계, 자아정체성이 확립되기도 전에 인성이 배제된 채 친구를 친구로 인식하지 않도록 하는 무한경쟁 등 사회가 제시하는 틀에 자아를 맞춰가고 있다. 사람들과의 건강한 관계 정립, 삶의 철학이 만들어지기도 전에 학교 폭력을 통해 왜곡된 권력 관계, 자아관을 형성해 나가게 된다.

학교 폭력 사태 완화를 위해서는 제도적·정책적으로 아낌없는 지원이 필요하다. 그리고 폭력 후 해결보다는 폭력 예방에 초점을 맞춰 교사와 학생을 대상으로 하는 교육이 이루어져야 한다. 이러한 교육은 학교생활뿐 아니라 일상적으로 실천 가능한 인성교육이 바탕이 되어야 한다. 특히 배려감성은 학교 안팎에서 벌어지는 청소년 폭력을 완화할 수 있는 심리적 기저가 된다.

---

3) 2016년 청소년(9~24세) 인구는 18.5%, 학령인구(6~21세)는 16.9% 차지함. -통계청, 사회통계 기획과

자기비하로 인한 타인 비난과 폭력언어 및 신체폭력 그리고 타인 배려는 동전의 양면과도 같은, 또 다른 나의 얼굴이다. 어떤 상황에 부닥치는지, 어떤 심리 상태에 놓여있는가에 따라 자기비하와 배려는 얼굴을 달리하여 나타난다. 학교 폭력 또한 마찬가지이다. 이는 피해자와 가해자 모두에게 심각한 후유증을 남긴다. 폭력에 직접적으로 노출되었던 피해 청소년들은 심리적으로 우울과 불안과 무력감이 생기고, 트라우마에 시달리며, 타인에 대한 불신이나 원망, 미움의 감정으로 심리적 고통을 받는다. 여러 가지 정서적 불안정으로 인해 대인관계에 어려움을 겪고 현실 적응 능력이 현저하게 떨어지기도 한다. 폭력을 행사한 청소년들은 공격적이며 공감 능력이 결핍된 예가 많다. 타인에 대한 배려감성이 현저히 낮을 뿐 아니라 폭력에 기반한 또래 관계를 형성해 나간다. 학교 폭력에 노출되는 청소년들의 연령대가 점점 어려지고 있는 현실4)에 비추어 청소년 인성교육은 더욱 강화되고 적극적인 관심과 지원이 필요하다 하겠다.

## 3. 배려감정 회복하기

학교 안에서 벌어지는 폭력 유형 중 언어 폭력이 신체적 폭력을 앞

---

4) 학교폭력피해경험: 초등(68.5%), 중등(22.5%), 고등(9%). - 청소년폭력예방재단, 학교폭력 실태조사(2016)

서고 있다.5) 이는 학교 선생님이나 부모 등 제3자가 개입할 여지가 점점 줄어든다는 것을 의미한다. 언어 폭력은 핸드폰을 통해 개인 메시지로 전달되거나 SNS를 통해 폭력이 행사되기도 하는 등 은밀하게 진행되기 때문에 당사자가 아니면 그 고통의 정도를 헤아리기가 어렵다. 이렇게 변화하는 양상에 대처하기 위해서는 가해자 처벌보다는 교육을 통한 각성이 필요한데, 자존감 회복을 통해 자기비하 감정에 빠지지 않도록 하며 상대방에 대한 배려감정을 회복할 수 있도록 해야 한다.

조절되지 못하는 자기 분노와 자기 비하는 상대방에 대한 비난으로 이어진다. 이는 언어적 표현으로 쉽게 표출되다가 정도가 심해지면서 신체적 폭력으로 나아가기도 한다. 자기비하가 더 깊어지지 않도록 배려감성을 키우고 체계적으로 교육하는 것이 수학 문제 풀이보다 더 중요한 현실에 당면해 있다.

우리는 주위에서 학교 폭력에 연관된 당사자들을 어떤 시선으로 보고 있는가? 또한 학교 폭력에 간접적으로 노출된 청소년들을 어떻게 배려하고 있는가? 우리는 이들에게 지나치게 무관심하거나 비뚤어진 관심을 배려로 착각하고 있는건 아닌지 돌아봐야 한다. 청소년들을 가해자와 피해자라는 두 가지 프레임에 가두어 잣대를 들이대는건 아닌지, 이른바 가해 청소년에 대한 교화 대신 처벌에 방점을

---

5) 언어 폭력(34.1%), 집단 따돌림(16.6%), 스토킹(12.3%), 신체 폭행(11.7%), 교육부, 2017년 1차 학교폭력 실태조사 결과

찍고 있는건 아닌지, 피해자에 대한 지나친 동정과 관심으로 이들의 일상 복귀를 늦추고 잊혀질 권리를 침해하고 있는건 아닌지, 간접 폭력이 주는 상처와 트라우마에 얼마나 귀를 기울이고 있는지 우리 모두가 돌아봐야 할 것이다. 배려는 개인 간에 일어나는 감정 교류이기도 하지만 불특정 다수가 한 개인을 향해 행사할 수 있는 최상의 연대감 표현이 될 수 있다.

우리 사회는 학교 안 청소년뿐 아니라 학교 밖 청소년들에 대한 관심 역시 소홀히 하지 말아야 한다. 탈학교가 이루어지는 과정은 무한 경쟁을 부추기는 공교육에 대한 반발, 가정 붕괴로 인한 청소년들의 방황과 일탈 등 사회적 문제가 집약되어 드러나는 과정에 다름 아니다. 탈학교 청소년들은 사회적 약자인 동시에 소수자가 되어 더욱 어려운 처지에 놓인다. 이들 중에는 시민활동가로 나서서 각 분야에서 일찌감치 활동 영역을 점하기도 하지만 그렇지 못하고 범죄를 저지르는 경우도 많다. 홈스쿨링을 위해 탈학교를 선언한 학생 외에 학업을 중단하는 탈학교 청소년은 매년 증가하고 있다. 이에 대안학교들이 생겨나고는 있으나 미인가 대안학교가 많고, 그마저도 열악한 재정에 허덕이고 있는 실정이다.

우리 사회는 이들을 얼마나 배려하고 있는가. 정책적 지원이 체계적이고 광범위하게 이루어져야 할 뿐만 아니라, 우리 이웃으로 품어 나가는데 주저함이 없어야 한다. 주변에 대안학교가 설립된다고 하면 혹시나 불량 청소년들이 모여드는건 아닐까 걱정하고, 학교 갈 시간에 방황하거나 일하는 아이들을 보며 '이미 글렀다'는 듯한 시선이나 말투를 보이지는 않는지 돌아보아야 한다. 이런 일련의 과정은 개인의 노력만으로 완성되는 것은 아니다. 개인의 책임으로 한정을 짓는다면 배려라는 미덕이 피곤한 실천, 억지로 행해야 하는 가식적인 행위가 될 수 있다. 유감스럽게도 이런 악순환의 고리가 일단 생겨나면 배려가 구성원들에게 받아들여지고 실천되는 선순환고리 보다 파급력이 더 커질 것이다. 우리 사회는 배려감성을 어디까지 내보일 수 있는지, 배려감성이 어떤 시스템 속에서 표현되고 있는지 살펴야 할 것이다.

# 3

## 배려 교육


태어나서 죽을 때까지 사회적 관계안에서 살아야 하는 인간에게 배려감성은 생활 감수성, 대인 감수성 중에 으뜸으로 꼽힌다. 타인의 사정을 헤아리고 그 상황에 놓여 보는 배려는 감정 전환, 동화 과정이 수반된다. 이 배려 감성은 타고나는 것이 아니라 가정과 사회 전반에서 꾸준히 훈련되어야 하는 것이다. 개인의 천부적인 심성에 의존하다 보면 생활 속에서 일상적으로 실천해 나가는 데 있어 힘이 부족하게 되고 꾸준한 실천이 어려워지게 된다.


### 1. 배려는 생명 존중 철학의 시작점

자기 배려는 자신에 대한 올바른 인식에서 비롯된다. 자신을 온전한 전 인격적인 존재로서 받아들이고, 스스로를 귀하게 여기는 자존감, 자신의 가치 등에 대하여 대우하는 마음이 있어야 한다.

자신을 배려하기 위해서는 자기수용과 자아존중이 필요하다. 자기수용은 자신의 있는 모습 그대로를 인정하고 받아들이는 것이다. 사람들은 누구가 자신이 가지고 있는 여러 모습 중에서 좋고 긍정적인 모습은 밖으로 내보이려고 하지만 부정적이라 생각되는 모습은 다른 모습으로 포장해서 내보이거나 아예 감추어 버리려는 경향이 있다.

인간은 완벽하지 않은 존재이다. 태초부터 완벽할 수 없는 존재인지도 모르겠다. 부족한 부분은 부족한대로 인정하고 받아들여야 한다. 잘못을 했다 하더라도 자신을 용서하고 고쳐나가려는 노력이 필요한 것이다. 이런 긍정적이고 열린 마음이 바탕이 되지 않으면 타인에 대해 혹독해지게 된다. 타인의 조그마한 잘못도 쉽게 넘기지를 못하고 처벌을 통해 잘못된 행동을 교정하려 들게 된다.

배려는 나를 있는 그대로, 타인을 생명 자체로 귀하게 여기는 마음이다. 내가 공부를 못하고 가난하고 못생겼기 때문에 존중받고 배려받아 봤자 뭐하겠어 하는 자기비하 심리는 타인에게 그대로 이어진다. 사회적 지위가 낮기 때문에, 가난하고 별 볼 일 없어 보여서 배려받을 가치가 없다는 생각이 혐오로 이어지는 것이다. 학교폭력 피해자들 중에 가정환경이 열악하거나 부모로부터 제대로 된 보호를 받지 못하는 학생이 많은 것도 이런 정서와 무관하지 않다.

극심한 성적 경쟁과 과도한 학업 스트레스는 성적에 따른 줄세우기, 서열화로 귀결된다. 교육현장에서는 이런 차별을 딛고 악순환의 고리를 끊으며 생명가치를 존중하는 교육을 우선해야 한다. 씁쓸한 현실이지만 금수저, 흙수저의 수저 계급론이 사회 모순을 꿰뚫는 촌철살인으로 받아들여지면서 배려도 수저 색깔에 따라 달라져야 한다는 생각이 은연중에 퍼지고 있다. 하지만 사람은 수저가 아니다. 사회·경제적 배경은 그야말로 배경일 뿐이다. 사람 그 자체로 존중하고 존중받으며 배려할 줄 아는 문화 확산이 절실하다.

우리나라는 장애우에 대한 배려가 너무 없다는 말을 많이 한다. 장애우들의 보행권 확보를 위해 지하철에 휠체어 리프트가 생기고, 장애인 주차구역 설치 확대 등 외적으로 분명 발전이 있고 정책적으로 이를 뒷받침하고 있다. 하지만 휠체어를 탄 장애인에게 밖에는 왜 나왔느냐는 말을 서슴없이 하는 것을 보면 사회 구성원들의 인식에는 여전히 개선이 필요해 보인다.

특히 장애학생 등 약자를 대상으로 한 폭력, 특히 성추행과 성폭력은 계속 증가하고 있다.6) 사회가 발전할수록 약자에 대한 보호장치는 더욱 조밀해지며 일상으로 파고든다. 구성원들은 약자 보호를 당연하게 받아들이게 되고, 이런 인식들이 쌓여 약자에 대한 인식 정도

---

6) 장애학생에 대한 인권침해 사례는 2015년 379건에서 2016년 442건으로 16.7%(63건) 증가. 장애학생 인권보호 상설모니터단 자료.

를 보여주는 척도가 되는 것이다. 하지만 어쩐지 우리 사회에서 약자에 대한 억압과 심리적 착취는 점점 더 심화되고 있다. 내가 아이를 안은 사람에게 좌석을 양보하더라도 약자에 대한 심리적 거리감이 극복되지 않는다면 이는 배려가 아니라 값싼 동정에 그칠 뿐이다.

몇 년 전, 동영상 공유 사이트인 유투브youtube를 통해 한 편의 동영상7)이 큰 감동을 주며 화제가 된 적이 있었다. 영상은 한 초등학교 가을 운동회에서 있었던 일을 찍은 것이었다. 아이들 몇 명이 달리기 경기에서 다리가 불편한 장애우 친구와 함께 손을 잡고 달리며 나란히 결승선으로 들어왔다. 아이들은 같은 반 친구가 달리기 경기에서 제대로 달리지 못할 것을 알고 친구의 손을 잡고 함께 달린 것이다.

아이들에게는 달리기 1등도, 상품도 중요한 것이 아니었다. 아이들은 장애우 친구가 달리기 경기에서 홀로 뒤처져 마음 상하지 않기를, 친구들이 함께 달려줄 것이니 안심하라는 마음을 그렇게 표현한 것이었다. 이 동영상이 화제가 되면서 아이들의 인터뷰가 뉴스를 통해 방송되었다. 아이들은 장애우 친구가 중학교에 진학해서 낯선 친구들과도 친하게 지내길 바란다며 미래의 친구들에게 장애우 친구를 잘 부탁한다고 말하였다. 가슴이 뜨거워지지 않을 수 없었다.

아이들은 장애를 가진 친구를 부끄러워하지 않았고, 장애를 갖고 있다고 특별히 잘해 주지도 않고 동정하지도 않았다. 여느 또래 친구들과 똑같이 함께 놀고 때론 싸우고 하면서 친해졌고, 그 아이의

---

7) http://www.youtube.com/watch?v=iTnuygmuZx8

불편한 점을 알고 기꺼이 배려한 것이다. 그리고 장애 학생 역시 그 우정에 과도한 무게를 싣지 않고 흔쾌하게 받아들였다. 이 생각과 마음, 행동을 우리는 눈여겨보고 새겨야할 것이다.

배려는 나의 현재 상황, 나의 선택과 생각을 인정하고 똑같이 타인의 그것을 존중하는 것이다. 진정한 배려란 이런 것이다. 상대에게 호의를 베풀고 배려했다고 해서 내가 우월한 위치에 있지 않다는 것, 배려를 받는 것이 당연한 것은 아니라는 인식이 함께 커가야 제대로 된 배려문화가 정착될 것이다.


## 2. 배려는 받는 사람이 먼저다


일반적으로 가정에서는 부모가 자녀들에게 베푸는 무한한 사랑을 배려의 출발점이라 생각하고 자녀들을 대한다. 하지만 자녀 입장에서는 이를 배려라고 생각하지 않는 경우를 볼 수 있다. 자녀 입장에서 지나친 사랑이 부담으로 다가오고, 그에 대해 반드시 보답해야 한다고 생각한다면 이는 잘못된 방법이다. 자녀의 입장을 고려하지 않는 일방적 배려는 심리적 폭력과 다름없다. 상대 입장에서 판단하고 타인의 상황이나 감정을 간접적으로 경험할 수 있는 상상력과 관찰력이 필요하다. 상대방 입장을 자의적으로 해석하고 판단한 후 배려한다는 식의 일방적 감정 전달 행위는 상대에게 거부감을 줄 수 있다. 내가 행하는 배려를 지나친 친절로 오해할 여지가 다분하다. 상호 교류하고 소통하지 못하는 감정은 흐르지 못한 채 쌓이기 마련이다. 이 감정의 찌꺼기가 결국은 벽이 되고 관계를 망치는 불씨가 될 수 있다.

상대방에게 필요하다고 판단하여 무언가를 주려고 할 때는 상대방의 자존심에 상처를 입히지는 않을지 생각해 볼 필요가 있다. 모처럼 친구집에 놀러 갔는데 친구방이 지나치게 지저분한 경우, 나서서 방 정리를 하려고 하면 친구가 거부할 수가 있다. 이런 경우 괜찮아 내가 할게 식의 일방적 처사는 상대의 자존심을 상하게 할 수 있다. 주어진 상황에서 어떠한 행위들이 상대방에게 도움이 되는지 헤아릴 줄 알아야 한다. 이런 헤아림이 배려 감성의 출발점이고 관계 감수성을 섬세하게 다듬어주는 원천이 되기 때문이다.

하지만 먼저 남의 사정을 헤아리는 것은 사실 너무도 어렵다. 설혹 실수가 있었더라도 받아들이는 사람이 또 너그럽게 받아들이고 넘어가는 부분도 있어야 하니 말이다. 따라서 참다운 배려는 행하는 내가 아니라 배려를 받는 사람이 먼저라는 생각을 잊지 말아야 한다. 배려라는 것이 어려운 것임에는 틀림없지만, 배려 감성에 일상적으로 노출되고 자연스럽게 체험하고 습득하다 보면 배려가 사람을 얼마나 편안하게 하는지, 그 파급력이 사회 전반적으로 얼마나 큰지 알게 될 것이다.

몇 년 전 붐비고 좁은 시장 골목에서 한 할머니가 폐지 수레를 끌고 가다가 외제 승용차에 제법 깊은 흠집을 낸 적이 있었다. 폐지 수입으로 근근이 살아가던 할머니는 눈앞이 캄캄해지는 듯했다. 하지만 볼일을 마치고 돌아온 승용차 주인은 일절 수리비를 받지 않겠다고 말하고 할머니를 돌려보냈다. 여기까지만 얘기를 들으면 '돈 많은 사람이 선심썼구나!' 하고 생각할 수도 있다.

하지만 그 승용차 주인의 말이 더 감동적으로 와 닿았다. "좁은 시장에 차를 댄 자기가 전적으로 잘못한 것이지 할머니는 아무 잘못이 없습니다"라는 말은 승용차 주인의 배려가 할머니를 불쌍히 여겼다거나, 돈은 크게 개의치않았다는 의미를 훌쩍 넘어선다. 할머니의 처지를 진심으로 이해했을 뿐 아니라 자신이 무엇을 행해야 하는지를 정확하게 알고 있었다. 그 자리에서 얼굴을 붉히면서 '할머니 됐으니까 가세요'라는 식의 반응은 할머니를 비참하게 할 수도 있었다. 아무리 가난한들 존엄을 훼손당했다는 것을 느끼면 누구든 처참한 심정이 될 수밖에 없기 때문이다.

비슷한 듯하지만 다른 예가 있다. 세계적으로 유명한 아이돌 그룹 가수이자 작곡가가 있다. 이 사람이 운영하는 카페가 있는데 바다가 보이는 전망으로 입소문이 자자하다. 각국에서 관광객들이 모여드는 명소가 되면서 카페를 다녀온 인증 사진이 인터넷에 대거 올라오기도 한다.

이 카페를 유명하게 만든 장식품 중에 수제 샹들리에가 있다. 이 샹들리에는 프랑스의 조각가가 직접 손으로 깎아 만든 것으로 상품이 아니라 예술작품으로 불린다. 세계에 네 개 밖에 없는 명품으로 억대를 훌쩍 넘는 고가임은 말할 것도 없다. 그런데 손님이 실수로 이 샹들리에를 훼손하고 말았다. 샹들리에에 무분별하게 접근하는 것을 막고자 선인장 등 소품으로 경계를 둘러놓았는데 이 경계를 넘다가 소품까지 훼손하였다. 카페 주인은 샹들리에 보수에 드는 비용은 자신이 알아서 할 테니 선인장 등 부수 비용 일부만 부담하라고 하였다. 그 남성은 유명 연예인이 실수도 용납하지 못하고 갑질을 한다는 식으로 한 사이트에 글을 올렸다. 사람들의 반응은 어떠했을까?

이 글은 빠르게 번져나가며 남성을 비난하는 글이 대부분을 차지했다. 비난 내용은 배려받을 줄 모른다는 것이었다. 배려는 일방이 무조건적으로 이해하고 덮어야 하는 의무가 아닐뿐더러 강요는 더욱 아니라는 공감대가 많은 사람들 사이에 있었다. 자신의 실수를 인정하고 책임을 지는 것이 마땅함에도 불구하고 일방적으로 배려를 바라는 것은 옳지 않다는 것이었다. 이렇듯 배려는 배려받는 사람의 권리가 최소한 지켜져야 한다는 무언의 공감대와 그 속에서 형성되는 감정 교류에 기반해 이루어지는 것이다.

배려 감성은 훈련과 연습을 통해 굳건해진다. 특히 배려로 인해 위기를 모면했다던가 감동을 받았던 경험이 많이 쌓인 사람일수록 배려 감성을 표현할 줄 알게 된다. 배려 감성은 한 번 채워지면 마르지 않는 감정의 우물과도 같은 것으로 받으면서 커지고, 밖으로 내보이면서 더욱 커진다.

배려가 일상적인 감정으로 습득되지 않으면 어떠한 상황이 주어졌을 때 상대에게 무엇이 필요한지 어떤 행위를 해야 하는지 제대로 판단할 수가 없다. 따라서 반복적인 체험을 통하여 자연스럽게 배려 행위가 나타나도록 가정 학교, 사회에서 배려 환경을 만들어가야 할 것이다.

# 4

## 배려감성의 확대

### 1. 배려의 기술

배려는 사람들의 가치관이나 생각, 그들이 처한 상황에 따라 다르게 해석된다. 배려 가치는 각자가 지향하는 가치관과 사고방식에 따라 다르게 받아들여지기 때문이다. 어떤 경우에는 배려가 간섭이 되기도 하지만, 어떤 경우에는 배려 없는 마음이 이기적으로 비치기도 한다. 이런 차이들을 덮을 수 있는 배려의 출발점은 나와 주변에 대한 열린 마음, 긍정적 시선이다. 상대의 권리를 침해하지 않고 내가 베푸는 호의가 부담이 되지 않는 적정선을 찾는 배려의 첫걸음은 이 배려가 상대에게 무언가 도움이 될 것이라는 긍정적인 마음에서 비롯된다. 하지만 상황판단 능력이 부족하고 직접적인 관찰의 시간이

짧다고 생각된다면 섣부르게 배려하려고 하기보다는 상대를 더 지켜보는 것이 낫다. 긍정적 시선과 더불어 상대의 입장에서 말하는 의도가 무엇인지를 파악하며 듣는 경청의 자세가 필요하다. 아울러 자신의 경험이나 생각에서 판단하지 말고 쉽게 충고하거나 주장하지 말아야 한다. 경청은 상대방의 입장에 그대로 서 보는 것이다. 그래야만 사실 뒤에 숨은 마음과 생각을 온전히 이해할 수 있다. 상대에 대한 배려는 그 마음과 생각을 알아주는 데서 비롯되기 때문이다.

토크쇼의 여왕 오프라 윈프리가 진행하는 쇼를 보면 오프라는 정작 말을 많이 하지 않는 것을 알 수 있다. 한 시간 남짓한 토크쇼 동안 10여 분 정도만 자신의 말을 하고 나머지 시간은 상대방이 말을 하도록 유도하고, 적절하게 추임새를 넣으며, 마음을 열도록 분위기를 만들어 준다. 토크쇼를 거쳐간 많은 명사들, 평범했던 사람들은 오프라 앞에 서면 안심이 되고 마음속 얘기가 나온다는 후일담을 들려준다. 오프라 윈프리는 말을 잘해서가 아니라 잘 듣고 상대가 쑥스럽지 않고, 자존심이 상하지 않도록 적절하게 응답하는 자세 때문에 1인자가 되었다는 말이 있다. 내 생각을 속사포처럼 쏟아내지 않고 묵묵히 들어주는 것만으로도 상대는 충분히 배려받고 있다는 느낌을 받는다.

대화를 나누다 보면 상대가 말하지 않은 부분까지도 들을 때가 있다. 상대의 입장에서 말을 들으니 말하지 못하고 있던 마음 속 말들이 그대로 전해져 오는 것이다. 친한 친구 사이가 아니더라도 상대가 말하지 않는 행간의 의미는 적절한 상황 판단과 상대에 대한 관심을 통해 자연스레 알 수 있다.

관심과 경청 못지 않게 중요하지만 정말 어려운 덕목이 공감이다. 공감은 남의 감정, 의견, 주장 따위에 대하여 자기도 그렇다고 느끼는 기분이라고 정의한다. 하지만 단순히 같은 느낌이나 맞장구 정도가 아니라 타인의 감정을 공유하는 것으로 상대방의 입장을 이해하고  지지하는 것이다. 또 상대가 처한 상황에서 더욱더 잘 되도록 진심어린 마음으로  응원을 해주는 것이기도 하다. 내 사고의 틀을 벗어나서 상대방의 입장에서 이해하고자 할 때 상대와의 공감대는 형성된다.

공감은 상대를 있는 그대로 인정하고 수용하는 데서 나온다. 어려움이나 고통을 겪고 있는 상대의 심정과 그가 처한 상황을 '만약', '그리고', '그러나' 등과 같은 조건들로 따져서 생각하지 말고 상대의 마음과 생각 그리고 말을 '있는 그대로' 받아들이는 데서 공감은 시작된다.

공감은 상대의 긍정적 감정에 동의하는 것뿐 아니라 마음의 아픔이나 상처를 이해하고 상대의 부정적인 감정까지 받아들이는 것이다. 상대가 처한 상황을 인간적으로 수용하고 공감하려고 할 때, 그 사람이 품고 있는 부정적인 생각과 느낌도 수용할 줄 알아야 제대로 된 공감이 일어난다고 할 수 있다.

## 2. 생활 속 배려문화

배려는 불편한 남의 사정을 헤아려 내가 조금의 불편을 기꺼이 감수하겠다는 의지의 표시이다. 배려는 개인에 따라 받아들이고 표현되는 범위가 천차만별인데다 의무가 아니다. 그렇기 때문에 배려하지 않았다고 해서 상대방을 비난하거나 화를 낼 필요는 없다. 배려는 상호 공감의 표현이기 때문에 강요된 배려는 배려가 될 수 없다.

하지만 배려감성은 배우고 익혀야 하는 감성이며 실천되어야 할 덕목이다. 배려를 배우는 첫 배움터는 역시 가정이다. 가정 내에서 구성원들끼리 서로 존중하고 아껴주며 배려하는 분위기를 어렸을 때부터 보고 듣고 익혔다면 배려감성이 특별하게 느껴지지 않을 것이며, 일상에서 말과 행동을 통해 보여지는 자연스러운 표현으로 몸에 배게 될 것이다. 가족 구성원들의 실천으로만 국한할 것이 아니라 가정을 벗어나 공동체, 학교 등 공적인 공간에서 배려가 일상적으로 행해져야 한다.

엘리베이터를 타서 닫힘 버튼을 누르는 대신에 뛰어오고 있는 사람을 기다리는 행동, 초보 운전자를 배려하는 운전 습관 등은 생활에서 일상적으로 실천해야 하는 부분들이다. 이런 개인의 실천 영역을 넘어 약자를 배려하는 공공디자인, 생활용품들이 개발되면서 배려는 전 사회적 영역에서 실천되고 있고, 우리 생활 곳곳에 파고들어 있다.

학교 교문 앞 횡단보도와 맞닿은 인도에 노란색으로 넓게 칠해진 공간을 한번쯤 봤을 것이다. 이를 옐로우 카펫이라 하는데, 횡단보도 진입부에 설치되어 아이들의 안전한 보행을 돕고 있다. 아이들이 노란 영역 안에서 안전하게 신호를 기다릴 수 있도록 유도하고, 운전자는 아이들을 쉽게 인식할 수 있어 교통사고 예방을 가능하게 한다.8) 실제 교통사고 감소효과가 있는 것으로 알려졌는데, 노란색은 페인트일 뿐이지만 아이들의 생명을 보호하는 색이 되기까지는 약자에 대한 꾸준한 관심과 고민, 실천 노력이 있었다. 이러한 사례는 시각장애인을 위한 점자 횡단보도 설치, 시력 약자를 위한 대활자 도서 제작, 가독성을 높인 글자체 제작 등 꼽을 수 없을 정도로 많다.

배려상품들은 약자를 위한 전용상품이 아니라 결국에는 우리 모두에게 도움이 되는 상품이라는 인식이 생기면서 이 상품들만 파는 인터넷 마켓도 등장했다. 왼손잡이용 가위를 넘어선 양손잡이용 가위는 더 이상 새로울 것도 없다. 싱크대 앞의 풋 밸브, 출입문의 하향식 손잡이 등은 생활 속 필수 디자인으로 인식되고 있다. 특히 고령화 사회에 대비해 이들을 배려한 디자인을 채택한 아파트들도 지속적으로 늘어나고 있다. 경사 엘리베이터, 확장형 주차장, 단차 해소 등 공간을 새롭게 구성하여 실생활에서 배려디자인이 적용되도록 하고 있다.

---

8) 국제아동인권센터(InCRC), 초록우산 어린이재단 공동 사업, 〈옐로우 카펫 효과분석 세미나〉, 2017.3.7 자료.

# 5

## 배려와 상호책임

### 1. 공생의 가치

사람은 혼자 살아가는 존재가 아니다. 하지만 요즘은 온라인으로 서로 소통하고, 체계가 잘 갖추어진 사회구조 속에서 산다면 인간은 혼자서도 충분히 살아갈 수 있다고 역설하기도 한다. 그럴듯한 말이다. 눈에 보이는 현상들을 눈에 보이는 것들로 설명한다면 일견 맞는 견해이기도 하다. 하지만 눈에 보이는 현상들을 눈에 안 보이는 것들로 설명하다 보면 과연 맞는 말일까 싶기도 하다.

오늘 내가 누리는 모든 것들이 눈에 보이지 않는 사람들의 수고와 노력으로 지탱된다는 것을 생각하면 인간은 결코 혼자서 살아가는 존재가 아니라는 것을 깨닫게 된다. 나는 알 수 없는 그 누구, 살면서 우연히라도 만날 가능성이 없는 그 사람들의 일상 덕분에 내 일상이 유지된다는 것. 거미줄보다도 더 촘촘하고 튼튼하며 끈끈하게 얽히고설켜 있는 관계망 속에 내가 자리하고 있다는 사실을 상기하면 결코 자만할 수 없다. 이렇게 인간은 함께 살아가는 것이다. 공생의 가치는 인종과 지역 등의 심리적, 물리적 경계를 초월하는 전인적 가치이다.

공생의 가치는 배려를 통해 실천되는데, 사회 속에서 어떻게 발현되는지에 따라 그 사회의 성숙도와 도덕성을 가늠할 수 있다. 우리 사회의 갈등은 빈부 격차에 따른 계층 간 이해 부족, 획일적이며 물리적 성 역할 강요에 따른 젠더 갈등, 전혀 다른 정치적 성향과 지향점으로 인한 세대 간 갈등 등으로 크게 나눌 수 있다.

계층 갈등은 노동과 노동자 권리를 이 사회가 어떻게 해석하느냐에 따라 확연히 달라진다. 노동의 대가로 돈을 받기 때문에 이런 일을 하는 것은 당연하다는 자본지향적 사고방식은 그 일을 수행하는 노동자들의 천부적 권리를 무시하는 행태로 나타나기도 한다. 일례로 경비원들의 부당해고를 막고 처우를 개선하자는 일각의 의견에 대해 적극 찬성하는가 하면 효율성을 앞세워 그 의견을 받아들이지 않기도 한다.

전자의 경우, 고통을 함께 분담하는 사례로 알려지며 여러 미담을 낳기도 하고 좋은 영향을 미쳤다. 그렇다고 후자의 경우, 효율성을 앞세웠다고 해서 비난할 수는 없다. 경비원들의 처지를 이해하고 받아들일 준비가 되지 않았다면 배려를 강요할 수 없기 때문이다. 이 또한 우리의 현주소를 보여주는 사례라고 할 수 있다.

공생의 가치는 인간 대 인간뿐 아니라 인간 대 자연과의 관계에서 아주 극명하게 볼 수 있다. 자연을 인간의 필요와 편리에 맞춰 어디까지 바꿀 것인가. 그 바꿈이 개발인지, 훼손인지는 해석에 따라 완전히 달라진다.

하지만 여기에서 우리가 놓치지 말아야 할 중요한 또 하나의 배려가 있다. 바로 다음 세대를 위한 배려이다. 지금 자연을 우리에게 맞추고자 하는 일련의 시도가 다음 세대에 어떤 영향을 미치는지 심각하게 고려해야 하는 것이다. 그리고 그 결정권을 다음 세대로 일임하는 것 또한 세대 배려라는 생각이 든다. 이렇듯 배려는 미래를 살아갈 후손들을 위해서도 우리가 정립하고 실천해 나가야 할 사회적 가치이다.


## 2. 배려와 사회적 권리

우리 사회를 설명하는 키워드 중의 하나로 급부상한 단어가 있다. 바로 '갑질'이다. 이른바 대한항공 항공기 회항 사건으로 정점을 찍는 듯하더니 크고 작은 갑질이 언론을 통해 계속 보도되고 있다. 유제품 회사의 대리점에 대한 제품 밀어내기와 찍어내기, 고객의 백화점 직원 무릎 꿇리기, 재벌 3세의 갑질 횡포 등 나열하기도 벅찰 만큼 많은 갑질 사례가 있다.

갑질이란 말은 사실 노동관계를 명시하는 계약서 상의 용어에서 나온 말이다. 갑은 사용자, 을은 용역과 서비스를 제공하는 측이라는 뜻인데, 언제인가부터 갑은 있는 자, 힘센 자를 대표하는 용어로, 을은 약자, 소수자라는 말로 대변되고 있다. 갑이 권력을 부당하게 남용하고 을을 억압하는 데서 갑질이란 말이 나온 것이다.

계약에 상대방을 배려하는 인간적 가치가 끼어들 틈이 있을까. 계약은 갱신할 수 있고, 계약의 주체는 동등한 인간 대 인간이다. 그 외의 가치는 인간을 넘어서지 못한다. 배려는 사회 구성원들 사이에서 일상적으로 공유되는 가치체계이다. 배려가 물처럼 흐르지 못하는 사회는 곪게 마련이다. 갑질 사태 역시, 우리 사회가 배려의 가치를 실천하지 못한 채 얼마나 을을 짓누르고 약자를 무시해 왔는지를 보여주는 사례이다.

배려 없는 사회는 특정 집단의 횡포만으로 만들어지지 않는다. 배려의 가치를 저버린 채 내가 갑이 되겠다고 강자의 논리를 좇아 살아온 우리 모두에게 책임이 있다 하겠다.

'호의가 계속되면 권리인 줄 안다'는 영화 대사가 있다.[9] 이는 '계속 배려해 주고 사정 봐줬더니 당연한 권리인 줄 알고 까분다' 정도로 풀 수 있겠다. 영화의 흥행으로 이 대사가 사람들 사이에 회자되면

---

9) 영화 〈부당거래〉(2010). 감독 류승완

서 오히려 배려의 본가치가 폄훼되는건 아닌가 하는 생각이 들기도 한다.

배려는 왜 권리가 될 수 없을까. 배려가 권리가 되지 못하도록 막는 사람들은 없을까. 배려가 개인에게 강요되는 사회는 결과에 대한 책임을 개인에게 떠넘긴다. 배려가 권리가 되면 내 밥그릇의 밥이 줄어들까봐, 내 자식의 숟가락이 작아질까봐 불안해하고 염려한다. 그렇게 되지 않도록 공적 영역에서 배려가 실천된다면 개인이 느끼는 피로감이나 불안이 해소될 수 있을 것이다.

일례로 다문화 가정이라는 말은 어느새 우리 생활 깊숙이 자리잡은 말이 되었다. 초기에는 외국인 노동자의 인권에 주목했다면 이제는 다문화 가정에서 자라는 아이들에게도 관심을 가져야 한다. 그들은 대한민국 국민이며 공동체를 이루는 엄연한 구성원이다. 이 아이들을 배려하기 위해 여러 정책들이 시행되고 있으며 성과를 올리기도 한다.

하지만 역설적이게도 공적인 배려와 정책을 개인들이 못 따라가고 있다. 다문화 가정 아이들이 자기 아이들과 같은 반에 있는 것이 싫어 전학을 가는 일이 잦아지면서 특정 지역에는 다문화 가정 아이들이 더 많다고 한다. 다문화 가정 아이들은 섬처럼 고립되어 자기들끼리 어울리면서 우리 문화에 적응하지 못하고 이 부적응이 심화되면서 예비 범죄자로 낙인찍히기도 한다.

대표적 대중교통인 버스와 지하철에 표시된 교통약자석, 장애인주차구역, 계단 대신 경사로 의무 설치 등 약자를 위한 배려 장치들이 처음부터 받아들여졌던 건 아니다. 제도적으로 완비되면서 생활 속에 정착된 것들이다. 물론 지금도 임산부석을 상시적으로 비워 두느냐 하는 문제, 장애인 주차 구역을 야간에 비장애인도 사용할 수 있도록 하자는 것, 노키즈존no-kids zone을 활성화 하자는 등의 절충안들이 계속 부딪치고 있다. 하지만 돌이켜 보면 이런 논의들은 결국 효용성의 문제를 앞세우기 때문에 벌어지는 일이다. 아직도 약자에 대한 공적인 배려보다 다수를 위한 효용성이 앞서는 사회를 우리는 살고 있는 것이다.

물론 이에 반대하는 의견들도 있다. 이제 우리 사회에서도 소수자를 위한 배려 장치들이 공적인 권리로 떳떳하게 자리매김하고, 구성원들은 이를 당연한 권리 행사로 받아들여야 한다. 호의가 권리가 되고, 배려가 새로운 사회질서와 권리가 되어야 우리 사회가 성숙해질 수 있을 것이다.

배려는 또 다른 배려를 부른다. 배려는 구성원들과 소통할 수 있는 최고의 표현방법이다. 사람들과의 상호작용을 통해 약자와 소수자에 대한 배려가 특별하고 우월한 감정이 아니라, 당연한 의식 흐름이라는 사실에 대한 공감대가 더 넓어져야 한다. 배려는 일방적인 희생이 아니라 함께 살아갈 수 있는 공생의 가치이다. 배려는 우리를 숨쉬게 한다.

■ 참고문헌

· 《정의와 배려》, 카츠·나딩스·스트라이크 지음, 윤현진·박병춘·황인표 옮김, 인간사
랑, 2007.

· 《삶과 배려》, 이수연·한일조·변창진 공저, 학지사, 2017

· 《배려는 참 쉬워》, 이미현 지음, 스콜라, 2017

· 《배려를 파는 가게》, 켄 블렌차드 외 지음, 이제용 옮김, 한국경제신문, 2017

· 〈청소년 활동역량 증진을 위한 배려 프로그램 효과성 연구〉, 민정숙, 명지대학원
석사 논문, 2014.

# 3장

## 꽉 막힌 불통을 치유하는, 소통

박복임

# 1

## 변화하는 세상, 소통하며 살자

 

 

사람살이의 대부분은 삶의 터전에서 만나는 사람들과의 관계로 이루어진다. 여기에 온라인상에서 맺은 관계까지 더해져 우리는 더 조밀해진 관계망 속에 살고 있다. 무수한 관계속에서 사람과 사람을 연결해 주는 것이 바로 소통이다. 소통은 막히지 아니하고 잘 통하며, 뜻이 서로 통하여 오해가 없음이라고 정의하고 있다.[1] 막히지 않는다는 것은 무슨 의미이며, 오해가 없다는 것은 무엇을 뜻하는 것일까?

막히지 않는다는 것은 마치 맞바람 치며 시원하게 통하듯이 서로 주거니 받거니 감정이 교류한다는 것을 의미한다. 오해가 없다는 것은 뒷감정이 남지 않고 깔끔하게 교섭한다는 뜻이다. 결국 소통이

---

[1] 국립국어원 표준국어대사전

라는 것은 열린 생각과 마음으로 상대를 받아들이고 나 또한 상대방 입장에 기꺼이 서 보는 흔쾌하고 짜릿한 교류라 하겠다.

소통은 영어로 communication이다. 어원을 보면 공통된다 또는 공유한다라는 뜻의 communius에서 비롯된다. 사람들에게는 공통된 정서와 특성들이 있으며, 이를 다른 사람들과 함께 나눈다는 의미가 어원에 들어 있다. communication은 타인과 함께with 너와 나 사이에 between 흐르는 정서의 교류, 정보의 이동을 의미한다.

소통이 일상적으로 쓰이는 단어가 되면서 소통에 대한 의미도 새롭게 해석되고 있다. 가정과 학교, 직장 등 사회 전반에 깔린 상명하복의 수직관계에서 파생되는 여러 문제점들은 불통의 단초가 되고 사회 전반에 걸쳐 경직된 문화를 만들었다. 이런 일방적인 교류 방식으로는 문제를 해결할 수도 없을 뿐 아니라, 더 이상 받아들여지지 않는다. 우리 사회를 지배하는 가부장적 유교 이데올로기의 유통기한이 임박했다는 뜻일 것이다. 그렇다면, 새로운 시대가 필요로 하는 이데올로기는 무엇일까?

시대가 급변하면서 사람들은 물리적으로 편리한 환경을 누리게 되고 사람들과 교류할 기회가 훨씬 더 많아졌지만 역설적이게도 더 외로워지고 사람의 관심과 온기를 더 그리워하고 있다. 다양한 온라인 매체와 사회관계망서비스는 새로운 소통 마당을 만들어 주었다. 글과 이미지로 생각을 주고 받으며 공감의 하트 표시를 하며 '좋아요'를 누른다. 그런데 우리는 왜 더 외로워지고 소외감을 느끼며, 이런 방식에 피로감마저 느끼는 것일까? 소통의 철학이 더 절실해지고 있다는 뜻이리라. 하지만 소통이 정확히 무엇을 뜻하는지 깊게 생각하지 않은 채 실생활에서 우리가 부딪치는 여러 문제들을 소통의 부재로 해석하려고 한다.

소통을 얘기할 때 서로 말이 통하면 된다는 생각을 가장 먼저 떠올릴 것이다. '상대방이 내 말을 알아듣고 있구나', '상대방이 내 말에 맞장구쳐주고 공감하고 있구나' 하는 생각이 들면 소통이 이루어졌다고 착각하기 쉽다. 말을 잘 하고 잘 알아듣는 것이 소통의 기본은 될 수 있겠지만, 진짜 소통은 말로만 이루어지는 것이 아니라 말을 뛰어넘는 상호 교감을 통해 이루어진다. 상대방이 내 말에 공감한다고 해서 소통이 잘 이루어진다고 할 수는 없다. 잘못하면 일방통행식 소통이 될 수 있다. 진정한 소통은 상대방과 함께 경험하고 함께 생각하며 느낄 때 완성될 수 있다.

소통이 일상에서 두루 쓰이는 단어로 정착되면서 소통 관련 책들이 봇물 터지듯 출판되고 있다. 이런 시류속에서 우리는 개인과 개인과의 소통을 넘어선 공동체, 사회와의 소통이 어떤 방식으로 이루어져야 하고, 또 어떻게 해야 가능한지 방법을 함께 모색해야 할 것이다. 구성원들이 성별과 세대, 계층, 정치적 지향점을 넘어 연대할 수 있어야 진정한 소통이 이루어지는 사회가 될 수 있을 것이다.

# 2

## 소통과 인성

### 1. 불통의 사회, 인성이 답이다

개인의 사고와 태도 및 행동 특성에 따라 소통 양상은 다르게 나타난다. 인간의 사고와 행동, 도덕적 판단에 영향을 미치는 것은 정서 및 감정이며, 정서반응은 소통에 중요하게 작용하는 심리표현이다. 사고와 감정이 균형 잡히고 정서가 안정되어 있는 상태에서 도덕적 판단과 유연한 사고는 가능해진다. 성장기에 있는 청소년들은 정서적으로 급격한 변화를 겪으며 불안정한 정서반응을 보이기도 한다. 하지만 가정과 학교에서 인성교육이 체계적으로 행해지고 제대로 교육받았다면 정서반응이 불안정하다고 해서 인성 형성이 잘못되었다고 말할 수는 없을 것이다. 어른의 경우도 마찬가지다. 개인이 처한 상황에 따라 정서반응은 달라질 수 있다. 정서반응을 결정짓는 요인은 올바른 인성이며 소통은 인성을 볼 수 있는 거울이 된다.

식탁 위에 놓인 빵을 보며 어머니가 아이에게 "이게 뭐지?"라고 물었다. 아이는 신경질적으로 '빵'이라고 대답한다. 다 알면서 왜 묻느냐는 속마음이 드러낸 것이다. 어머니는 몰라서 물은 것이 아니라 대화의 물꼬를 트기 위해 빵을 매개로 말을 걸었지만, 아이는 알면서도 그 질문이 순간적으로 의아했을 수도 있고, 별로 말을 나누고 싶지 않은 기분이었을 수도 있다. 엄마와 아이 두 사람 모두 자기 상황이나 기분을 전달하고, 표현하는 방법을 달리하며, 평소에 일상적으로 대화하는 시간이 많았다면 대화를 시작도 못한 채 끝나지는 않았을 것이다. 이런 예는 질풍노도 속에서 헤매는 청소년뿐 아니라, 어른들에게서도 흔히 일어난다. 상대방과 소통하고 싶어 말을 건넸는데 쌀쌀맞은 응답이 돌아오면 더 이상 관계 진전이 이루어지기 어렵다. 인사를 먼저 건넸는데 응답하지 않거나 건성으로 답한다면 정서 단절로 인해 소통 자체가 불가능해질 수 있다.

학교 폭력 문제, 직장에서의 따돌림 등 일방적인 소통 방식 혹은 소통의 차단은 서로에게 심리적 폭력이 된다. 배려 없는 일방적 감정 강요, 약자를 밟고 올라서려는 잘못된 우월감 등은 소통을 차단하는 벽이 되며, 이는 인성 부재에서 비롯된다. 소통하는 방식이 그 사람의 성격, 인성을 보여주는 것이다.

특히 청소년기에 배려, 소통, 예절, 존중, 정직, 책임, 효, 협동의 인성 8대 덕목 교육을 통한 건강한 사고방식 형성은 굉장히 중요하다. 일련의 교육 과정을 통해 건강한 인간관계, 상대의 마음을 헤아리고 상호 신뢰에 기반한 진정한 소통을 이루어 낼 수 있다. 지금의 청소년들은 청소년기에 입시만을 위해 일상을 채우고, 과도한 경쟁에 내몰리면서 균형 잡힌 정서 함양, 분노를 적절하게 다룰 줄 아는 성숙한 태도 등은 배울 겨를이 없다. 마음을 들여다보고 마음을 표현할 줄 아는 마음공부는 할 시간이 없는 것이다.

이런 현실이 되풀이되는 한 차근차근 이루어져야 할 소통 방식 학습은 먼 미래로 밀려나게 된다. 제대로 된 미래가 우리 아이들에게 오기 위해서는 지식과 정보 전달에 치중한 일방적인 주입식 교육이 아니라 자기 자신과 소통하는 법, 친구와 사회와 소통하는 법을 먼저 배워야 할 것이다. 소통은 인성을 보여주는 거울이며 영혼의 교류이다. 그 사람 마음 언저리에서라도 서성거려보겠다는 생각이야말로 소통의 첫걸음이라고 할 수 있다.

## 2. 소통은 일상 경험의 중첩이다

소통을 나와 타인 간에 이루어지는 교류만으로 치부하기 쉽다. 하지만 나와 나는 잘 소통하고 있는가? 과연 내 생각과 마음이 향하는 곳이 어디인지, 어디를 보고 있는지, 어떻게 해석하고 있는지 잘 안다고 자부할 수 있는가? 가장 까다로운 소통 상대가 자기 자신이라고 생각해본 적은 없는가?

자신의 욕망, 자신의 현재를 가장 잘 아는 사람만이 가장 정직하고 분명한 태도로 타인과 소통할 수 있다. 자신을 가두고 보여주지 않은 상태에서 진정한 소통은 이루어질 수 없다. 현대사회는 자신의 생각을 드러내고 자신의 모습을 보여줄 수 있는 플랫폼이 너무나 많다. 개인 홈페이지부터 일인 미디어라는 유튜브, 그 외에 텍스트 혹은 이미지를 기반으로 하는 다양한 온라인 서비스들이 제공되고 있다. 자기 이름으로 부지런히 글과 사진을 업로드하며 자신의 콘텐츠를 제공하고, 또 타인의 콘텐츠를 지속적으로 소비한다. 국경과 시차라는 물리적 장벽을 가볍게 뛰어넘는 전 지구적 소비가 매순간 이루어지고 있는 것이다.

하지만 이런 플랫폼들이 오히려 외로움과 인간 소외를 깊게 만들고 있다. 콘텐츠에 대한 무반응 내지 근거 없는 비난, 타인과의 끊임없는 비교 등은 피로를 가중시킬 뿐 소통은 이루어지지 않는다. 온라인이라는 제약 없는 공간이 오히려 더 높은 벽을 만들고 깊은 오해를 부르기도 한다. 타인의 모습을 투영한 가짜 내가 만든 글과 말로는 소통의 장에 이를 수 없다.

이런 현상은 일상에서도 빈번하게 일어난다. 직접 상대를 보고 말을 하고 행동을 하기 때문에 오해의 소지가 온라인보다는 적을 수 있겠지만 불통으로 인한 답답함은 여전하다. 오히려 말은 많이 하지만 통하지 않는다고 느껴질 때, 내가 했던 옳은 말을 상대가 곡해해서 받아들인다고 여기며 상대가 관점을 바꾸기를 원한다. 이렇게 일방적인 방식으로는 소통을 할 수 없다.

먼저 자신을 돌아보고 자신의 생각과 감정에 정직하게 응답하고 상대에게 자신을 보여줘야 한다. 소통은 상대에게서 출발하는 것이 아니라 나에게서 출발하는 것이다. 나 자신을 그대로 보여줄 자신이 있을 때, 상대와의 소통은 한결 쉬워지며 재미있고 건강해질 것이다.

소통은 많은 시간을 필요로 하는 지난한 과정이다. 소통 방식을 일상에서 배우고, 실천하며, 이런 경험들을 한겹씩 차곡차곡 쌓아가야 한다. 또한 어릴 때부터 부모와 정직하게 소통하는 일을 시작해야 한다. 작은 일이라도 깊이 사고하고 판단하며 행동하고 그에 따른 책임을 져야 한다.

# 3

## 소통의 비결

### 1. 마음을 열어주는 유머와 소통

서로 눈을 마주치고 잘 웃는 가족들이 있고, 일터에서도 힘들지만 서로를 격려하며 불화 없이 일을 처리해 나가는 부서가 있다. 이들은 함께 생활하고 소통하는 것이 늘 자연스럽고 즐겁기만 할까? 마냥 그렇지만은 않을 것이다. 같은 취미를 가졌기 때문에 소통하는 지점이 많을 수도 있고, 동일한 지향점을 바라보기 때문에 갈등이 적고 즐거울 수는 있겠지만 이는 단편적인 부분에 불과하다. 동고동락하면서 크고 작은 고비들을 넘기고 서로를 알아가면서 공감대가 넓어졌기 때문에 원활하고 즐거운 소통이 가능한 것이다. 갈등을 딛고 일어선 후에 함께 나누는 소통은 이전보다 달고 맛있으며 즐겁다. 웃음이 처음부터 저절로 주어지는 것이 아니라는 것이다.

세상에서 가장 편안하고 내 몸과 마음을 누일 수 있는 위로의 공간은 바로 집이다. 하지만 증가하는 부부 갈등, 이로 인한 자녀와의 갈등은 집이 주는 최소한의 위안마저도 불가능하게 한다. 남녀는 타고난 뇌구조가 다르기 때문에 사물에 대한 이해 방식이 다르고 관계를 맺어가는 방법도 서로 다르다. 결혼하고 가정을 꾸리며 산다는 것은 이전과는 다른 의사소통 방식, 이해방식으로 상대를 바라보고 더 깊게 이해해야 한다는 의미를 담고 있다.

하지만 나는 변하지 않고 상대를 탓하거나 비난만 하다 보면 갈등을 극복할 힘을 잃게 된다. 가족은 세상에서 가장 소중한 존재이다. 이 소중한 사람들이 갈등과 불화에 짓눌리지 않도록 힘을 줄 수 있는 사람은 가족뿐이다. 그리고 나를 내려놓고 생긴 모습 그대로를 보여줄 수 있는 사람들 또한 가족뿐이다.

웃음에는 분위기를 반전시키고 딱딱한 마음을 말랑하게 풀어주는 힘이 있다. 소원해진 관계를 회복하기 위해 유행하는 우스개 소리를 나누고 농담을 주고 받으며 웃음을 터트리는 시간을 적극적으로 가져야 한다. 아재 개그, 부장님 개그라는 말이 있다. 한참 유행이 지나 어디서 웃어야 할지, 웃음의 포인트가 어디인지도 모를 유머를 두고 하는 말이다. 이 아재 개그가 세대를 초월해 유행하면서 낡은 유머 코드가 인기를 얻고 있다. 웃기는 데 소질이 없다고 스스로 생각한다면 아재 개그라도 기억했다가 집에서 활용하는 것도 좋은 방법이 될 것이다.

또한 가족들만 알 수 있는 농담을 건넨다면 상대는 순간 무장해제될 수도 있다. 여기에 마음에서 만들어지는 공감의 웃음이 더해진다면 소통이 한결 쉬워질 것이다. 실제로 사람들은 개그맨이 작정하고 웃겨보려는 만들어진 상황보다 공감 상황에서 더 많이 웃는다고 한다. 공감의 웃음은 진정한 즐거움을 가져오는 마법지팡이와도 같다. 재미있어서 웃는 것이 아니라 웃다 보면 재미있어진다. 웃음을 나누기 위해 기울이는 작은 노력은 서로 마주 보고 웃으며, 공감과 소통의 웃음을 나눌 수 있는 출발점이 될 것이다.

## 2. 침묵하지 않는 건강한 소통

소통이 건강하다는 것은 서로에게 뒷마음이나 묵은 감정이 남아 있지 않다는 것을 전제로 한다. 즉, 오해의 여지가 남지 않고 있는 그대로 받아들여진 상태를 말한다. 소통이 건강해지기 위해서는 어떻게 해야 할까? 좋은 날들이 이어질 때는 별다른 문제를 일으키지 않던 일들도, 생활이 꼬이고 감정이 복잡해지면 소통을 방해하는 결정적 요인이 되기도 한다. 가족에게 점차 무관심해지고 매일 보는 직장 동료들이 싫어지려고 하며 하루하루가 감옥으로 느껴질 때, 이 감정의 슬럼프를 벗어날 방법은 없을까?

무엇보다 자기 자신에게 더 집중해 보라. 이 슬럼프가 누구에게, 무엇에서 비롯되었는지 치열하게 고민하는 시간이 필요하다. 그리고 구성원 중에 그런 사람이 있다면 가족들은 감정을 인정하고 심리적 거리를 유지한 채 슬럼프를 극복하도록 도울 방법을 찾아야 한다.

가부장제 사회에서 아버지들은 자신의 나약한 모습을 보이지 않으려고 무던히도 애쓴다. 정작 엉뚱한 방향으로 감정이 튀어 나가 오해를 만들기도 한다. 본인은 아무런 위로도 받지 못한 채 소외감을 느끼고, 가족들은 심리적 무력감에 젖기도 한다. 서로가 건강하게 소통하기 위해서는 적절한 때에 나의 감정을 솔직하게 보여줄 수 있는 용기가 필요하다. 힘들면 힘들다, 아프면 아프다고 얘기하고 위로받을 수 있는 마음의 여유와 정직한 정서 교류가 건강한 소통을 만드는 첫걸음이다.

직장 내에서는 공적인 업무와 무관한 사적인 영역과 시간을 존중해 주어야 한다. 상사라는 이유로 부서 간 단합을 앞세워 사적 영역을 침범해서는 안 된다. 평생직장이라는 개념이 당연하게 받아들여졌던 시절에는 직장 동료가 형님이 되고 아우도 되었다. 사람 사이의 보이지 않는 끈끈한 정을 강조하는 독특한 정서에 기대어 소통 역시 정과 의리를 강조하며 이루어졌다. 서로 언성을 높인 후에도 술 한잔하며 '우리 식구끼리 이러지 말자' 하던 분위기가 팽배했었다. 직장 동료와 한 배를 탄 운명공동체라는 인식이 강했기 때문이다.

하지만 이런 소통법이 점차 일방적인 소통, 감정의 무시로 받아들여지고 있다. 특히 과거에 회사 등 조직 내에서 개인의 정서까지 고려한 소통은 불필요한 낭비라고 생각했다. 하지만 정서는 시대에 따라 변하기 마련이다. 받아들여지지 않는 감정은 침묵으로 변질되기 쉽다. 침묵은 처음에는 보이지 않지만, 결국 조직의 탄력성을 떨어뜨려 조직의 발전을 가로막는 장애물이 된다. 구성원이 침묵하는 조직, 사회는 결국 정체되기 마련이다.

그래서 최근에는 기업들이 조직 내의 건강한 소통을 위해 직위고하를 막론한 통합 온라인 소통 채널을 구축하기도 하고, 관심 분야를 세분화하여 소규모 동호회를 운영하기도 하며, 여성친화적 근무환경을 조성하고 있다. 개인의 감수성을 존중하고 사소한 의견에도 귀를 기울이며 조직문화를 바꾸겠다는 의미인 것이다. 이를 통해 침묵하지 않고 서로 간에 건강하게 소통할 수 있도록 조직 분위기를 만들어가려는 것이다.

쌍방의 감정 교류가 원활하고 솔직하게 이루어지는 건강한 소통을 위해서는 용기와 친절한 양보, 상대 존중이 우선되어야 한다. 상대를 인정하고 존중하는 것은 그 사람의 오늘을 지지하고 내일을 기대한다는 것이다.

# 4

## 현명한 소통법

### 1. 경청하라

우리가 상대의 말을 경청하기 어려운 이유는 뇌의 신비에 있다. 사람이 1분에 말하는 단어 수보다 뇌에서 처리할 수 있는 단어 수가 4배나 많기 때문에 단어를 처리하고 남은 시간에 다른 곳에 관심을 가지고 딴 생각을 한다는 것이다. 흘려듣기는 누구나 할 수 있지만 경청 할 줄 아는 사람은 적다. 마르크스 아우렐리우스는 "다른 사람의 말을 신중하게 듣는 습관을 길러라. 그리고 가능한 한 말하는 사람속으로 빠져들도록 하라"며 경청의 중요함에 대해 얘기했다.

상대의 말을 듣는 데 집중하는 태도는 결코 소극적인 자세가 아니다. 신중하게 듣는 경청 연습은 세상을 살아가는 데 있어서 적극적이고 긍정적인 태도에서 비롯된다. "경청의 태도는 우리가 다른 사람에게 보일 수 있는 최고의 찬사 가운데 하나"라고 앤드류 카네기가 설파하였듯이 경청은 상대방의 현재를 인정한다는 의사표현의 하나이며 소통의 출발점이다.

일반적으로는 우리는 듣기hearing에 익숙해져 있다. 들리는 대로만 듣고 사실 관계만 파악하려고 한다. 보이지 않는 속 내용에 대해서는 무관심하다. 공부하면서 음악을 듣는다는지 하는 행위가 이에 속한다. 듣기보다 한 단계 진일보한 의미 듣기listeninng가 있다. 전하려고 하는 의미가 무엇인지 관심을 가지고 귀 기울이는 것이다. 그 다음으로 경청Attintiveness : an open-eared attentiveness이 있다.

경청을 할 때는 상대방의 눈을 바라보아야 한다. 핸드폰을 보거나 먼 산을 보는 등의 행동은 적절치 않다. 이런 불필요한 행동은 상대로 하여금 거리감을 느끼게 하여 깊은 속마음을 보여주지 않게 하는 방해 요소가 된다. '경청자가 나를 신뢰하고 인정해 주고 있구나' 하는 생각을 상대가 할 수 있도록 해야 한다. 또한 상대의 이야기를 걸러내거나 비교하지 않아야 한다.

상대의 이야기를 듣다가 자신의 경험을 이야기하면 상대는 '내 문제는 별것도 아니구나' 하는 생각에 빠지기 쉽다. 자신의 경험이나 생각에서 상대의 이야기를 들으면서 판단하지 말고 쉽게 충고하거나 주장하지 말아야 한다. 경청은 상대방의 입장에 그대로 서 보는 것이다. 그래야만 사실 뒤에 숨은 마음과 생각을 온전히 이해할 수 있다. 상대방과의 소통은 그 마음과 생각을 알아주는 데서 비롯되기 때문이다.


## 2. 지혜롭게 주고 받으라


우리나라 사람들에게는 특별한 정서와 심리가 있다. 자기 의사를 명확하게 표현하기보다는 상대방의 기분을 나쁘게 하지 않고, 자존심을 상하지 않게 하기 위해서 우회적으로 표현하는 것이다. 또한 '말하지 않아도 상대가 알고 있겠지' 하는 생각에 특별한 언급 없이 넘어가는 경우가 많다. 이런 정서가 때로는 오해와 갈등을 일으키는 요인이 되기도 한다.

진실한 소통을 위해서는 정확하고 솔직하게 표현해야 한다. 요즘 회자되는 말 중에 팩트fact폭력이라는 것이 있다. 이는 누구나 다 알고 있지만 차마 입 밖으로 내놓기를 꺼리는 냉혹한 사실을 말로 표현하며 폭력을 가한다는 뜻이다. 이 팩트폭력은 공감의 웃음을 만드는 특효약이 되기도 하고, 이 말을 들은 사람이 사실을 인정하게 하는 계기가 되기도 한다. 기분좋게 한 방 맞은 셈이 되는 것이다. 하지만 인정은 적절한 선이 지켜졌을 때 웃음이 된다. 그러기 위해서는 상대를 깎아내리는 표현은 삼가고 배려가 밑받침된 긍정의 언어로 말해야 한다. 여기에 지혜가 있다. 상대가 기분 나쁘지 않게 말하는 것, 자존심이 상하지 않도록, 오해가 남지 않도록 적절한 선을 지켜야 한다.

지혜로운 소통을 위해 상대의 입장이 이해되지 않을 때에는 솔직하게 말하고 다시 한 번 설명을 요구하는 세련됨도 필요하다. 상대가 기분 나빠할 때 바로 사과할 줄 아는 유연함도 필요하다. 지혜로운 소통은 나와 상대와의 심리적 거리를 좁히는 지름길이 된다.


### 3. 소통의 또 다른 이름, 칭찬

대화를 시작하기 전에 상대의 옷차림이나 표정, 소지품 등에 관심을 보이고 이를 칭찬하는 것은 상대의 마음을 여는 좋은 방법이 될 수 있다. 칭찬은 무엇보다 상대에 대한 관심과 관찰에서 비롯된다. 취미가 무엇인지, 어떤 음식을 좋아하고, 어떤 스타일의 옷을 선호하는지 등 관심사에 대하여 알고 있으면 그에 걸맞는 가벼운 칭찬으로 말을 건넬 수 있다.

우리는 상대적으로 칭찬에 인색하다. 상대 면전에서 직접 칭찬하면 왠지 낯간지러워지고, 칭찬을 받는 상대는 '나한테 아부하는건가?'라고 지레짐작하여 불쾌감을 느끼기도 한다. 또한 과도한 칭찬은 오히려 상대로 하여금 '내가 얼마나 우습게 보였으면 이 정도도 못한다고 생각했을까?' 하는 오해를 살 수 있다. 칭찬에도 기술이 필요한 것이다.

적절한 칭찬은 상대에게 보이는 관심의 표현이며, 소통의 시작을 알리는 신호탄이 되기도 한다. 좋은 기분에 마음에 열리고 원활한 소통을 위해 칭찬을 활용하는 것은 세련된 소통 방식 중의 하나가 될 수 있다.

하지만 도를 넘는 반복된 칭찬은 서로에게 악영향을 미칠 수 있다. 그리고 내용은 다르지만 잦은 칭찬은 상대에 대한 신뢰를 떨어뜨리기도 한다. 상대방의 옷차림이나 악세사리 등에 대해 매번 칭찬하다 보면 상대는 '맨날 같은 소리네. 지겨워'라고 생각할 수도 있다. 그리고 나 아닌 다른 사람에게도 같은 방법으로 칭찬 기술을 사용할 것이라고 생각할 수도 있다. 칭찬으로 인해 서로가 특별한 감정을 느낀다고 믿었는데, 그게 아니라면 오히려 상처를 받을 수도 있다.


## 4. 효율적인 소통법

부적절하거나 원만하지 못한 의사소통으로 인한 오해와 관계 단절을 겪는 예를 심심찮게 볼 수 있다. 한 집에 사는 부모와 자식이 말을 섞지 않고, 남편과 아내가 서로 등을 돌리고 무관심한 집이 주위에 많다. 이런 감정들이 해소되지 않은 채 쌓이고 쌓이다가 엉뚱한 방향으로 터지기도 하고, 결국 서로를 해하기까지 한다. 따라서 내가 무엇에 만족하고 무엇에 불만을 가지고 있는지 솔직하게 표현해야 한다. 그래야 소통이 시작된다.

유교 문화에 익숙한 우리들은 자신의 감정을 즉각적으로 드러내거나 말로 표현하는 것을 꺼린다. 감정을 드러낸다는 말은 화를 내거나 욕을 하는 등 극단적인 감정 표현을 의미하는 것이 아니다. 화가 났더라도 부드러운 표현을 통해 자신의 감정을 상대에게 보여줄 수 있고, 그 자리에서 표현은 못했더라도 적당한 때에 자신의 감정이 이러했노라고 말할 수 있다.

효율적인 소통법의 으뜸은 정확한 전달이다. 엉뚱한 말을 하거나 사실과 다른 내용 전달은 불통을 초래한다. 전통적인 방법은 서로 말을 주고 받으며 소통하는 방식이었지만, 이제는 단문 텍스트와 이미지가 주요한 소통수단이 되고 있다. 향상된 각종 커뮤니케이션 서비스와 다양한 애플리케이션의 발달은 말보다는 글을 더 중시하는 세상이 되었음을 반증한다.

얼굴을 보면서 소통을 할 때는 목소리를 통해 말하는 사람의 감정이나 심리 상태를 파악할 수 있으나, 글을 통해 전달하면 비언어적 표현인 몸짓, 표정, 목소리, 소소한 심리상태 등은 표현하기 어렵다. 따라서 상대는 글만 보고 자기 방식으로 해석하기 때문에 사용한 어휘나 어미 처리 등 아주 사소한 표현으로도 오해와 갈등이 생겨날 수 있다.

최근 온라인에서 줄임말을 쓰던 언어습관이 일상생활에서도 쓰이면서 감정 전달이 더 어려워지고 있다. 또한 문자로 전하기 위해 간략하게 줄인 글은 때로는 완벽한 소통에 방해가 되기도 한다. 거기에다 굳이 말로 하지 않아도 알만한 기분을 표현하거나 분위기 전환을 위해 간략하게 쓰여야 할 이모티콘을 과도하게 사용하는 것은 오히려 소통을 방해하는 요인이 되기도 한다.

다양한 커뮤니케이션 플랫폼을 통한 소통이 대세를 이루는 요즘에는 온전한 소통에 한발짝 더 다가간 듯하다. 소통의 장이 말과 글이 조화를 이루며 더 넓어지고 깊어진 것 같다.

두 번째는 상대의 의도를 정확하게 파악하는 것이다. 말이든, 글이든 일단 작성자의 손을 떠나면 그 글과 말의 주인은 듣고 보는 사람이 된다. 새로운 주인이 의도를 잘 듣고 잘 헤아려야 한다는 뜻이다. 상대가 열심히 설명하고 있음에도 순간 딴 생각을 하는 바람에 중요한 단어를 듣지 못했다거나, 글을 제대로 읽지 않은 채 자신이 원하는 내용이 아니라며 의미를 곡해한 경우 서로 갈등을 빚기도 한다. 경청과 정독이 필요한 이유가 여기에 있다.

세 번째는 상대를 지지해주는 것이다. 사람이 사람을 지지한다는 것은 긴밀한 상호 교감과 전적인 믿음 아래 가능하지만, 지지를 얻기란 여간 어려운 일이 아니다. 상대의 생각과 행동을 지지한다는 것은 상대의 뜻과 지향점에 온전히 공감한다는 의미이다. 설혹 상대가 실수를 하거나 잘못을 저지르더라도 그 부분까지 포용하겠다는 의미를 내포하고 있는 것이다. 또한 지지는 나에게 돌아오는 이익을 계산하거나 따지지 않는 순수함에서 비롯된다. 상대가 나를 지지하고 있다는 믿음은 진정한 소통의 텃밭이 된다.

# 5

## 감정의 찌꺼기가 남지 않는
## 깔끔한 소통 도구

효과적인 소통의 핵심은 상대를 판단하여 내 방식대로 해석하는 것
이 아니라, 상대와 함께 있는 그 순간의 느낌이나 감정을 그 자리에서
적절하게 표현하고 전달하는 것이다. 좋은 것과 그렇지 않은 감정에
대해 구체적인 말로 표현하는 것이 상대에게 훨씬 더 쉽고 간결하게
닿는다. 표현에 거창하거나 어려운 단어가 필요한 것은 아니다.

하지만 단순하게 화가 난다거나 짜증스럽다와 같은 부정적인 감정
용어들을 남발하면 소통에 아무런 도움이 되지 않을 뿐 아니라, 상대
가 감정적 반응을 할 수 있도록 길을 열어주는 것이나 마찬가지이다.
공적인 사이에서는 서로 조심하기 마련이지만 사적으로 연결된 사
이, 친밀하며 가깝다고 느끼는 관계일수록 이런 기본적인 소통방법
을 잊기 쉽다.

소통의 관건은 언어를 어떻게 사용하는가에 있다. 언어는 말하는 순간 듣는 사람이 바로 알아듣고 의미를 파악할 수 있어야 하며 듣는 사람의 입장에서 이해가능한 것이어야 한다. 말 한마디, 단어 하나가 갖는 영향력과 파급력은 가끔 우리의 예상을 뛰어넘기 때문이다.

## 1. 상세하고 구체적인 언어

말을 할 때 전문용어나 외국어를 섞어 쓰는 사람들이 있다. 일상적인 대화에서 남발하는 외국어 등은 오히려 듣는 사람에게 거부감을 불러일으켜 제대로 된 소통을 방해하는 요인이 된다. 더군다나 듣는 사람은 누구나 자신이 이해할 수 있는 범위 안에서 이해하려고 하기 때문에 아무리 내용이 좋아도 그것을 청자에게 전달하는 데에 실패한다면 좋은 소통이라고 할 수 없다. 이해하기 쉬운 용어, 우리말로 순화된 용어 사용은 눈높이 소통의 핵심이다.

대화가 끝난 후, 말을 들었던 사람이 무엇을 듣고 어떻게 이해했는지 제대로 꼬집어 설명하지 못하는 경우가 있다. 이는 말하는 사람이 추상적이고 범위가 너무 넓은 단어를 사용했기 때문인 경우가 많다. 듣는 사람의 기억 속에는 구체적인 내용이 남지 않고 모호한 이미지만 남아있기 때문이다. 구체적이고 상세한 언어를 이용한 소통은 말하고자 하는 바를 정확하게 전달할 수 있는 도구가 된다.

더군다나 이메일이나 메신저를 통한 짧은 문장형 소통이 대세를 이루는 요즘, 직장인들이 이메일 쓰는 법, 멘션mention 쓰는 법 등을 배운다고 한다. 정확하고 구체적인 언어, 짧고 간결한 표현 속에 자신의 생각이 제대로 녹아들 수 있도록 훈련하는 것을 늘 익히며, 갈고 닦아야 할 것이다.


## 2. 비언어적 표현

눈빛이나 작은 몸짓 등은 시각적 언어로 청자에게 강렬한 느낌을 남긴다. 특히 눈빛은 정지화면처럼 청자에게 새겨져 말로 전달하는 의미 이상의 것을 충분하게 전달할 수 있다. 눈빛 못지 않게 상대에게 호감을 줄 수 있는 감각언어는 웃음 띤 얼굴이다. 웃음을 머금은 얼굴, 활짝 웃는 얼굴 등은 상대에게 좋은 인상을 줄 뿐 아니라 말의 내용과 함께 말하는 사람의 보이지 않는 의도까지도 전달할 수 있는 매개체가 된다.


## 3. 대화체 언어

흑백논리가 분명한 사람이 환영받던 시대는 저물고, 자신의 개성을 제대로 표현할 줄 아는 사람이 대접받고 있다. 하지만 개성의 표현이 일방적인 강요가 되어서는 안 된다. 미래의 소통은 명령형이 아니라 청유형으로 서로 간에 주고 받는 대화이다. 듣는 사람의 인격을 생각하고 입장을 헤아리면서 적절하게 동의를 이끌어 내는 대화체 언어가 필요하다.

## 4. 간결한 언어

소통은 본질적으로 언어를 통해 청자에게 설명하고 이해시켜야 하는 과정이다. 한 문장을 청자가 곧바로 이해할 수 있도록 간결한 단어를 사용해야 한다. 통상적으로 사람들은 한 문장에 17단어를 사용하여 말하는데, 8단어 이하인 경우는 아주 쉬운 문장이며 29단어 이상인 경우에는 이해가 어려운 문장으로 분류한다. 적절한 단어 수를 문장에 사용하는 습관을 키우는 것이 필요하다.

## 5. 필요한 말

화자가 범하기 쉬운 실수 가운데 하나가 미사여구나 장식문구를 자주 사용하는 것이다. 이는 화자의 수준을 자랑하는 것이 될지 모르지만, 문장에서 화자가 말하는 바를 정확하게 전달하는 데에 장애가 되며 청자를 식상하게 만든다. 특히나 주어진 시간 안에 청자와 소통할 경우 무분별한 형용사, 관사, 수식어 등을 과감하게 삭제하고 말해야 한다. 제시간에 전하고자 내용을 간략한 언어로 전달해야 청자에게 제대로 닿을 수 있다.

## 6. 정확한 언어

말하는 사람은 내용을 정확하게 전달하기 위해 표현에 딱 맞는 적확한 단어들을 찾아 쓰는 노력을 해야 한다. 바른 말을 사용하고 흘리는 말이라도 비속어는 쓰지 말아야 하며, 온라인에서 무분별하게 쓰이는 은어나 줄임말 등도 가급적 사용하지 않는 것이 좋다. 인터넷 용어를 무분별하게 사용하는 청소년들의 언어 습관이 문제가 되고 있다. 하지만 잠시 유행바람을 타고 또래 집단의 단결력을 높이기 위해 쓰이는 것일 뿐 성인이 될 때까지 지속되지는 않는 경우가 대부분이다. 가정에서 부모와 대화할 때 무분별한 사용을 자제하도록 지도한다면 크게 문제될 것은 없을 것이다.

동세대를 살아온 사람에게는 강력하게 닿을 수 있고 응집력을 높이는 그 세대만의 언어가 있다. 문학작품이나 수필 등에 나오는 표현들을 통해 자신의 뜻을 잘 나타낸 세대가 있었던 반면 그렇지 않은 세대도 있다. 온라인 용어 사용보다 더 중요한 것은 일상적으로 대화할 때 정확한 언어를 사용하는 습관을 들이는 것이다. 말뿐 아니라 글에서도 정확한 언어를 사용하는 것은 매우 중요하다.

## 7. 감각 언어

감각적 언어란 청자의 오감을 자극할 수 있는 단어들을 말한다. 듣는 사람의 감정에 호소하는 것이 내용 전달에 더 효과가 있다고 판단될 때는 감각적인 단어를 골라 써야 할 필요도 있다. 이미지를 연상시키는 공감각 언어, 색채언어, 적절한 유행어 등을 사용한다면 훨씬 더 부드럽게 대화를 이끌어가게 될 것이다. 감각 언어는 내용을 이미지로 치환하여 기억하게 하거나 연상작용을 훨씬 쉽게 할 수 있기 때문에 상대와의 소통을 한층 원활하게 해준다.

## 8. 문법 언어

말하는 사람은 문법에 맞게 말해야 한다. 조사가 잘못 쓰였거나 문법에 맞지 않는 말일지라도 청자는 이해하는 것처럼 행동하기도 한다. 하지만 신중한 청자의 경우에는 화자의 진의를 의심할 수도 있다. 거짓말을 덮으려고 말을 하다보니 말이 앞뒤가 맞지 않는 것이라고 오해할 수 있는 것이다. 따라서 자신이 일상적으로 쓰는 말이 문법에 맞는지, 상대가 들었을 때 오해의 여지는 없는지 검증해 보는 노력도 필요하다.

# 6

## 소통은 구원의 언어이다

　사람과 사람을 잇는 마음의 끈은 한 가지 색깔로 만들어지지 않는다. 알록달록 갖가지 색이 만나 울퉁불퉁 만 가지 모양으로 엮이고 얽히고설키며 만들어진다. 첫 번째로 엮어야 할 끈의 이름은 바로 소통이다. 소통이 제대로 이루어져야 개인과 개인 간의 관계에 발전이 있고, 이 발전이 지역 공동체, 나아가 사회 전체의 발전으로 이어질 수 있다.

　소통은 나에게서 비롯되며 가족 공동체 안에서 증폭되고 사회 안에서 완성된다고 볼 수 있다. 부부간 갈등으로 가족 해체가 사회적 문제가 되고 있지만, 자녀와의 갈등 또한 가족 간 소통을 어렵게 하는 한 요인이 되기도 한다.

　자녀와의 갈등은 어찌 보면 부모·자식 간 관계 형성 과정에서 자연스럽게 겪고 넘어가야 할 고비로 느껴지기도 한다. 부모가 '우리 애가 저러지 않았는데……'라고 말할 때, 아이는 훌쩍 자라 저만치 앞서 걸어가고 있다. 부모가 아이를 이해하려는 노력이 선행되지 않으면 부모와 자녀 간의 갈등은 해결할 수 없다. 자식이 부모를 이해해서 말없이 순종하는 것이 아니라, 부모이기 때문에 참는 경우가 대부분이다.

아이가 공부 대신 독특한 취미에 빠져 있는 경우, 연예인을 동경해 공부는 뒷전인 경우 등 아이들은 부모의 범주를 훌쩍 넘을 때가 많다. 이럴 때 부모들은 아이를 좋은 말로 설득하려 하고, 때로는 다투기도 한다. 소통은 말에서 그치는 것이 아니라 그 사람이 되어 보는 것이다. 내가 그 처지와 입장에 서 보지 않고 어떻게 그 사람의 영혼에 대해 말할 수 있겠는가.

물론 자식이라고 해도 예외는 아니다. 최소한 너를 이해하려고 한다는 노력이라도 있어야 한다. 취미를 같이 즐기려 한다거나 연예인의 어떤 점이 매력있는지 들여다본다든가 하는 등의 작은 노력만으로도 소통의 반은 완성한 셈이다. 나를 이해하기 위해 다가오는 부모를 내칠 자식은 없다. 그런데 꼭 부모가 먼저 다가가야 할까. 원래 더 많이 사랑하는 사람이 늘 지게 마련이고 먼저 다가가는 법이지 않은가.

감정노동자들의 대명사로 불리는 콜센터 상담원들은 하루에 100여 건이 넘는 전화를 받으며 불특정다수의 사람들과 끊임없이 소통해야 한다. 이들은 질의에 응답하는 것부터 불만사항처리까지 담당하면서 온갖 욕설과 인격모독성 발언에 시달린다. 이들은 정신적인 스트레스 때문에 일을 견디지 못해 이직율이 굉장히 높고 정신병에 시달리며 고통스러워하기도 한다. 우리 사회가 앞에서는 소통과 배려를 말하면서 보이지 않는 곳에서 우리의 발톱을 그대로 세우는 곳이 콜센터가 아닌가 싶다. 이런 현실 때문에 114 상담원들은 '사랑합니다'를 말하고, 세 번의 경고 후에 먼저 전화를 끊도록 하는 곳도 생겨났다.

소통은 내가 속한 곳에서만 이루어지는 것은 아니다. 사회 전반적으로 소통이 원활하게 이루어지려면 갑질문화가 청산되어야 한다. 왜 콜센터 상담원들을 하대하는지 그 숨은 심리를 잘 살펴볼 필요가 있다. 그들을 마치 일하는 기계처럼, 내 말에 무조건 복종해야 하는 노예처럼 부리는 마음에서 비롯된 것이다. 상호불평등한 관계에서는 소통이라는 말 자체가 설 곳이 없다. 갑질이 소통하지 않으려는 오만함, 불통이 가져온 최악의 결과물이듯이 말이다.

소통은 우리에게 익숙한 일상언어이다. 하지만 의사소통을 넘어선 소통의 참뜻은 제대로 받아들여지지 않는 듯하다. 혼자서 살 수 없는 사회적 동물인 인간에게 서로의 존재는 기적이며, 그 존재들을 이어주는 소통의 언어는 우리 앞에 성큼 다가와 있는 구원의 언어이다.

# 4장

# 언제 어디서나 당당한, 정직

현인순

# 1

## 정직에 목마른 사회

우리는 어릴 때부터 부모님이나 선생님을 비롯한 어른들로부터 거짓말은 잘못된 것이며 나쁜 것이라고 교육받아 왔다. 그리고 어쩌다 한 거짓말이 들통나서 호되게 야단 맞았던 기억들이 누구에게나 있을 것이다. 우리 대부분은 그렇게 자랐고, 지금의 아이들도 그렇게 교육받으며 자라고 있다. "불리하면 거짓말 해도 괜찮아"라고 가르치는 부모는 아마 없을 것이다. 이렇게 자란 아이들이 어른이 되어 사회를 이끌어가고 있는데, 정작 "우리 사회는 배운대로 정직한가?"라고 묻고 싶다. 우리 사회가 정직하다는 데 과연 얼마나 많은 사람이 동의표를 던질지 걱정스럽다.

몇 해 전 마이클 샌델의 저서 《정의란 무엇인가》와이즈베리, 2014가 초대형 베스트셀러가 되면서 인문학 열풍, 정의와 정직에 대한 광풍

이 몰아쳤다. 하지만 그뿐. 사회 전반에 걸쳐 논의되어야 할 거대담론 형성에까지는 이르지 못했다. 그동안 우리가 정의와 정직이라는 가치에 얼마나 목말라 있었던가 하는 서글픈 현실만 또렷하게 각인시킨 계기가 되었다.

우리가 교육받아 온 정직은 주변 사람을 속이는 거짓말을 하지 않는 것, 자신의 잘못을 시인하고 용서를 구하는 용기 있는 행동 등 주로 개인의 품행이나 행동 교정에 초점이 맞추어져 있었다. 하지만 정직이 개인에게만 강요되는 사회는 건강한 사회 구성원들을 길러낼수 없다. 개인의 정직함이 사회 전반으로 확대되기 위한 제반 장치없이 개인의 청렴함, 도덕적 완결을 요구한다면 오히려 도덕경험은 줄어들게 될 것이다. 어려서 쌓아온 정직경험을 사회가 받아주지 못하고 그에 반하는 사회현상들이 계속된다면 그 경험은 무용지물이된다. 그리고 구성원들에게 허탈함과 무력감을 안겨줄 것이다. 정직하면 손해라는 인식이 팽배한 세상에서 누가 정직경험을 떠올리고그 가치를 지켜려 하겠는가.

도덕적이어야 성공한다는 함의가 구성원들 사이에 자리잡아야 하고, 그 믿음이 실천될 수 있도록 사회 시스템이 정비되어야 한다. 건강한 사회가 되기 위해서는 건강한 시민성이 바탕이 되어야 하고, 시민들이 주도해서 그 사회를 만들어가야 한다. 시민들이 거대한 국가권력의 횡포를 감시하고, 비대해진 경제 권력의 부정에 눈 감지 말아야 한다. 정직과 정의가 시민사회에서 강렬하게 경험할 수 있는 감정이자 가치가 되어야 한다.

　아이들에게 부끄럽지 않은 세상이 되어야 정직을 실천하라고 가르칠 수 있다. 거짓말과 부정 부패로 정치인들이 줄줄이 소환되고, 부의 세습을 위해 법질서를 어기는 재벌을 봐야 하는 아이들에게 우리의 미래는 밝으니 정직하게 살라고 강요할 수 있겠는가? 무기력과 허탈함 대신에 정직과 정의가 우선하는 시민사회를 꿈꾸고 그 가치를 실현하려는 이유가 여기에 있다. 식물이 어떤 토양에서 자라느냐에 따라 성장과정과 결과물이 달라지듯이, 우리의 미래는 정직의 가치가 어떻게 실천되느냐에 따라 달라질 것이다.

# 2

정직은 행복이다

 

 

 

정직은 '마음에 거짓이나 꾸밈이 없이 바르고 곧음'이라고 정의
한다. 현재의 마음상태와 반대로 마음을 포장하지 않고, 남에게 잘
보이기 위해 억지로 꾸미지 않으며 현재 일어나는 순수한 마음 상
태 그대로를 보여주어야 정직한 것이다. 정직은 영어로 'honesty'와
'integrity'라는 두 단어로 번역할 수 있다. 'honesty'는 가장 많이 쓰이
는 단어로 솔직한 마음과 생각을 나타낸다면, 'integrity'는 완전함, 흠
이 없는 상태로 번역된다. 언제 어디서 누구와 있든 흔들리지 않고
당당할 수 있는 가치관, 즉 거짓과 섞이지 않은 상태, 곧은 상태를 의
미한다.

인간의 본성은 정직하다. 거짓이나 꾸밈이 없이 순수하게 태어났
다. 정직한 사람은 남을 속이려고 하지 않기 때문에 신뢰를 얻는다.

정직하다고 알려진 사람은 말과 행동이 따로 가지 않으며, 속마음과 겉표현이 다르지 않다.

정직은 진실과 통한다. 마음에 거짓이 없고 바른 마음을 가지는 것이 진실이기 때문이다. 누군가를 슬픔에 젖게 하더라도 있는 그대로 말하고자 한다. 남들을 기쁘게 해주기 위해서 거짓되게 과장하지 않는다.

또한 정직함이란 사실대로 말하고 행동하는 태도와 열린 마음 open—mind이라고 할 수 있다. 내면의 정직함은 자기 자신의 양심에 따라 스스로 마음을 깨끗하게 지켜 나가야만 도달할 수 있다. 그러기 위해서는 뚜렷한 가치관과 높은 인격을 소유하여야 한다. 정직하게 살아가기 위해서는 마음과 행동을 돌아보고 반성하며 늘 점검하고 살펴보는 것이 중요하다. 정직은 남에게 보여주기 위한 요식행위가 아니라 스스로에게 끊임없는 묻는 질문이다.

우리는 '물질만능의 시대', '혼돈의 시대', '불확실성의 시대'를 살아가고 있다. 이 시대를 통과해 가는 우리들에게 가장 필요한 가치가 바로 정직이다. 정직하면 두려울 것이 없으며 건강하고 당당해질 수 있다. 자기 자신에게도 떳떳해질 수 있고, 무엇보다도 남에게 과시하거나 남에게 자신을 과대 포장하지 않으며, 모든 권력으로부터도 자유로울 수 있다. 그래서 몸과 맘이 가벼워진다. 정직하지 않고는 절대 행복할 수 없다. 정직이 행복이다.

# 3

## 정직은 침묵하지 않는다

### 1. 우리 모두를 위한 가치

인간은 참으로 오묘한 존재여서 밥과 빵만으로는 존재욕구, 자아실현욕구를 채울 수 없다. 끊임없이 '나는 누구인가?', '나는 어디로 가고 있는가?' 하는 본질적인 질문을 거듭하고 답을 찾기 위해 고민하고 방황한다.

그렇다면 인생을 가치있게 잘 산다는 것은 무엇을 의미하는 것일까? 내가 내 인생을 주도하며 주인으로 사는 것이 삶의 본질이다. 내가 내 인생의 주인으로 살기 위해서는 정직하게 살아야 한다. 정직의 가치를 끝까지 놓지 말고 지켜야 한다. 2017년 10월 현재, 우리나라 인구는 약 5,500만 명이라고 한다. 광활한 우주에서 한 생명체로 탄생한 우리는 한 명, 한 명 모두가 기적같은 존재다. 이렇게 소중한 존재인 나를 사랑할 줄 알아야 한다.

자동차 바퀴에 펑크가 나면 바람을 넣고 펑크난 부분을 수리해 주어야 다시 달릴 수 있다. 우리는 무수한 좌절과 실망을 겪으며 바람 빠진 타이어처럼 납작하게 찌그러들어 달릴 동력을 상실하기도 한다. 하지만 그 빈 가슴에 바람을 불어넣고 메워주는 것은 내 안에 살아 있는 긍정적인 생각이다. 긍정적인 생각은 나를 존중하는 마음에서 생기고, 나를 존중하는 마음은 스스로를 속이지 않는 정직함에서 비롯된다. 내 마음 상태를 과장하거나 꾸미지 않고 있는 그대로 받아들이는 정직함이 나를 나답게 만들어 다시 세울 수 있는 것이다.

한 초등학교 5학년 교실에서 있었던 일이다. 학급에서 돈이 없어지는 일이 생겼다. 담임 선생님은 돈을 가져간 학생이 조용하게 선생님 책상 위에 돈을 놓고 가면 용서하겠다고 했으나 아무도 오지 않았고, 결국에는 전체 학생들을 대상으로 돈을 가져간 아이를 찾아내기에 이르렀다. 아이들 모두 깍지 낀 손을 머리에 얹은 채 눈을 감게 하였다. 돈을 가져간 학생에게는 머리에 깍지 낀 손 중에 한 손가락만 올리라고 하였다. 지루한 기다림이 이어지고 마침내 한 학생이 손가락 한 개를 올렸다.

하지만 정작 알고보니 그 학생은 돈을 가져간 학생이 아니었다. 학급 전체가 벌을 받는 상황이 너무도 불편해서 그 상황을 빨리 벗어나고 싶었으며, 돈을 진짜로 가져간 학생이 나설 것이라고 믿었기 때문에 그랬다는 것이다. 결국, 후에 진짜로 돈을 가져간 학생이 선생님께 용서를 빌었다고 한다.

그렇다면 이 학생은 정직한 것인가, 아니면 위기를 넘기기 위해 거짓말을 한 것인가. 이 학생은 양심의 소리를 따랐고, 정직의 또 다른 면을 보여주었다. 학급 학생 모두를 잠재적인 도둑으로 모는 집단체벌에 대한 억울함과 반발, 정직하고 싶지만 용기를 낼 수 없었던 친구에 대한 생각 등 여러 요인들이 복합적으로 작용하여 자신이 손가락을 올린 것이다. 이렇듯 정직은 단순하게 거짓말을 하지 않는 상태를 넘어 나와 남, 다수의 정직함을 함께 생각하는 가치관이다.

가난하고 병들고 고통 받는 사람들을 위해 평생을 바친 테레사 수녀는 안전하고 편안한 길을 마다하고 약자들을 돌보는 일이 자신이 가야 할 정직한 길이라는 신념으로 살았던 사람이다. 테레사 수녀가 자신의 신념을 지키며 살 수 있었던 것은 자신의 욕망에 정직하게 응답했기 때문이다. 테레사 수녀에게서 희생정신만을 본다면 그건 일면만 보는 것이다. 테레사 수녀는 정의로운 사회, 약자가 소외받지 않는 세상이 정직하고 정의로운 세상이라 생각하였고, 자신의 신념을 실천하였다.

흑인에 대한 인종격리정책아파르트헤이트 철폐운동과 인권운동에 평생을 바친 남아프리카 공화국 최초의 흑인 대통령이자 노벨 평화상 수상자인 고 넬슨 만델라1918~2013는 정직하고 겸손하며, 순수하고 너그러웠다. 그는 타고난 정직함으로 인종격리정책에 저항하며 불의에 맞섰다. 특히 만델라는 대통령이 된 후 '용서한다. 그러나 잊어 서는 안 된다'며 과거의 인권침해 범죄 사실을 밝히고 범죄자들을 사면했다. 이 일로 만델라는 극심한 비판을 받았지만, 끝내 정직한 양심에 따라 그들을 죽이지는 않았다. 보이지 않는 정직의 가치를 만델라는 끝까지 지켰다고 하겠다.1)

미국에서 가장 권위 있는 역사학자, 정치학자 등이 모여 미국의 역대 대통령 중에서 가장 위대한 대통령을 뽑았다. 그 결과 제16대 링컨 대통령이 뽑혔다. 그는 미국의 가치 중 하나인 정직을 상징한다며 선정 이유를 밝혔다. 링컨의 정직함을 잘 말해주는 일화가 있다. 그가 주 의회 선거에 출마했을 때였다. 당에서는 그에게 2백달러의 선거자금을 지원해 주었다. 그런데 링컨은 선거가 끝나자 곧바로 199달러 25센트를 편지와 함께 당으로 되돌려 보냈다. 그는 편지에 "선거 기간 중 나는 말을 타고 다녔으므로 비용이 전혀 들지 않았습니다. 다만 한 노인에게 음료수를 대접하느라 75센트를 지출한 것 뿐입니다. 그래서 나머지 돈을 반납합니다"라고 적었다고 한다. 링컨의 이러한 정직함은 당원들을 감동시켰고, 결국 그는 대통령 후보로 추대되기에 이르렀다. 정직의 힘은 이렇게 위대한 것이다.

유한양행의 설립자인 고 유일한 박사1895~1971는 독립운동가이자 기업인으로 평생을 자신의 이익보다는 사회와 나라의 이익을 먼저 생각하며 돈에 대해 정직하고 투명하게 기업을 운영했다. 그는 기업

1)《만델라 자서전》, 넬슨 만델라 저, 김대중 역, 2006, 두레

의 이윤은 당연히 사회에 돌려주어야 한다고 믿고 사후에 전 재산을 사회에 환원하며 이윤추구 대신 건전한 기업경영을 목표로 평생 정직의 가치를 실천하였다.

## 2. 부정에 무감각한 사회

경제, 정치, 사회적 불평등은 점점 심화되고, 사회 구성원들 간에 반목과 차별은 더욱 심해져가고 있다. 우리 사회는 서로를 믿지 못하고, 국가를 신뢰하지 못하며, 정의나 정직에 대해 무관심하다. 정직과 정의는 지켜지지 않아도 되는 힘 없는 가치라는 인식이 팽배하다. 이러한 한국 사회에 정직은 새롭게 들여다보고 지켜져야 할 새로운 시대 질서, 가치를 대변한다고 할 수 있다.

정직의 가치가 일상적으로 지켜지는지 알기 위한 척도로는 여러 가지가 있겠지만, 우리와 다른 사람들, 외국인을 대하는 태도에서도 드러난다. 우리나라에는 다양한 국적을 가진 외국인들이 관광객으로 들어오기도 하고, 함께 살아가기도 한다. 유색인종이나 일자리를 찾아 온 동남아시아인 등에 대한 차별 등은 뿌리 깊게 이어지고 있다. 또한 외국인 관광객의 경우, 한 해 백만 명이 넘는 사람들이 찾아오지만 재방문률은 그리 높지 않다. 그 이유 중 하나로 상인들의 속임수, 바가지 요금을 들고 있다.

남대문 시장은 외국인들에게 이국적 문화와 재미를 경험할 수 있는 장소 중 한 곳이다. 얼마 전 남대문시장에 갔다가 보지 않았으면 좋을 광경을 보고 말았다. 어묵을 파는 가게에서 있었던 일인데, 원래 세 개에 2,000원짜리를 외국인에게는 한 개를 쓱 빼고 두 개에 2,000원으로 속여 팔고 있었다. 그런 저급한 속임수를 눈앞에서 직접 보니 얼굴이 화끈거려 견딜 수가 없었다.

그 외에도 택시요금 바가지 등 슬쩍슬쩍 눈을 속이는 일은 많다. 바가지 요금은 내국인들도 불만을 가진 사항이다. 한 철 반짝 장사를 노린 터무니없는 숙박비, 식비 등은 그대로 부메랑이 되어 상인들의 입지를 좁히고 있다. 때마다 인천공항 이용객 수가 경신되는 것을 보면 바가지 쓸 일 없는 외국으로 나간다는 말이 괜한 말은 아니다.

우리 스스로를 부끄럽게 하는 일들은 유명인들에게서도 많이 일어난다. 특유의 섬세한 문체와 마음을 울리는 글로 문단에서 추앙받았던 작가가 표절시비에 휘말리는 사건이 있었다. 문단 내 표절은 처음 있었던 일도 아니고 정도의 차이만 있을 뿐, 표절은 피해갈 수 없는 문단 내 공공연한 비밀이라는 말까지 나돌기도 하였다. 하지만 사람들을 위로하며 웃고 울리던 작가의 표절은 적잖은 충격을 안겼다.

그러나 더 충격적인 것은 표절을 인정하지 않는 출판사와 측근들, 작가 자신이었다. 변명으로 일관하고 주변인들의 지원사격 뒤로 숨었던 작가는 사람들의 비판과 비난이 가라앉지 않자 그제서야 잘못을 시인하는 듯 하였다. 그 작가가 작품에서 보여주었던 인간지향의 가치를 전면적으로 배신하는 그의 행태에 사람들이 분노한 것은 당연한 일일지도 모른다.

하지만 정치인들의 경우, 불법을 저지르거나 정직하지 못한 언사로 사람들의 비난을 받아도 그들 중 몇몇은 끝까지 사과하지 않는다. 온라인에서는 정계 은퇴, 사퇴 등의 강경발언이 주를 이루지만 막상 현실에서는 그런 여론을 무시하듯 아무일 없이 정치활동을 계속하고 있다. 이런 온도 차이는 결국 사회 구성원들 사이에 더 큰 불신을 심어주는 계기가 된다. 정치인들이 지켜내지 않으려 하는 정직과 정의의 가치를 국민들 또한 힘들게 지키려 하지 않는다. 이렇게 정치권에서 비롯되는 불신과 불의는 사회 전반으로 확대되어 구성원들 사이에 더 높은 벽을 쌓아 올리고 있다. 정치권력이 달성하지 못하는 정의는 당연한 사회가치로 절대 뿌리내리지 못할 것이다.

## 3. 공공의 정직

정직은 나 혼자 지키는 양심 실천이 아니라 나와 나를 둘러싼 환경, 함께 살아가는 사회 구성원들과 지켜나가야 하는 가치이다. 이른바 공동선에 대한 갈증, 이를 지키고자 하는 노력들이 더해지면서 정직은 사회 전반적으로 지켜져야 할 약속이 되고 있다. 사회 한 켠에서는 부정과 불의가 일상적으로 행해지고, 또 다른 한 켠에서는 그에 대한 치열한 반성이 이어지는 모순속에서 우리들은 어떤 쪽에 서야 할 것인가. 답은 이미 자명하다.

공동선2)은 사회 각 분야에서 삶의 기본권 지키기, 인권 등에 적용된다. 공동선을 지키기 위해 개인들도 노력해야 하지만, 국가도 적극적으로 나서고 공동선의 실천을 위해 노력해야 한다. 정치 제도적으로 뒷받침되지 않는 공동선 추구는 공허한 이상향 추구로만 그쳐 버리기 때문이다.

한때 가짜뉴스가 판을 치던 때가 있었다. 이 가짜뉴스는 SNS를 통해 유포되고, 메신저를 통해 개인에게로 퍼져나갔다. 신문으로도 제작되어 길거리에서 배포되기도 하였다. 가짜뉴스는 특정한 정치적 목적을 띠고 의도적으로 제작된 것이다. 가짜뉴스는 조직적으로 사실을 은폐하고 왜곡하며, 여론 물타기라는 비판이 꾸준히 제기되었다. 처음에는 가짜라는 것을 모르고 받아들이다가 어느새인가부터 가짜뉴스인줄 알면서 뉴스를 찾고 소비하게 되었다. 가짜뉴스를 통해 나오는 생각이 다른 사람들을 조롱하며 위안을 얻고 거짓말인 줄 알면서 또 정의롭지 못하다는 것을 알면서도 가짜뉴스가 주는 재미에 빠져드는 것이다. 거짓이 주는 재미는 결코 오래가지 못하며 오히려 사회 분열을 막는 악재가 된다.

정의를 위해 자신이 서 있는 자리에서 최선을 다하는 사람들의 이

---

2) 공동선(共同善)은 공동체 전체를 위한 선으로서, 누구나 공동선을 통해 얻은 혜택을 누릴 권리가 있다.

야기는 우리 사회가 정의에 대해 어떤 잣대를 들이대고 있는지 여실히 보여주는 지표가 된다. 내부고발whistleblowing은 조직 내·외부의 불법, 사기 등의 행위가 공익을 침해하고 사회정의에 반할 때, 그 내용을 잘 알고 있는 내부 관계자가 비위를 폭로하고 사법기관에 해당 기관을 고발하는 것이다.

내부고발이라는 낯선 말이 우리 사회에서 회자되기 시작한 것은 1990년, 민간인 불법 사찰을 기록했던 윤 이병 사건이 처음일 것이다. 그 후로 감사원과 재벌의 유착 비리를 고발했던 감사관, 14대 국회의원 선거에서 여당의 선거 개입을 폭로한 연기 군수, 삼성 이건희 일가의 불법 비자금 조성을 폭로한 김 변호사 등 내부 고발 사례는 사회적으로 큰 파장을 일으켰다. 공익을 직접적으로 침해하는 내용을 담은 알려지지 않은 정보들이 내부 고발자를 통해 공개되곤 하는데, 그동안 묵인되어 왔던 불법행위가 더 이상 사회적으로 용인되어서는 안된다는 절박함이 사람들 사이에서 공유되기에 이르렀다. 권력은 다 그렇고, 재벌치고 안 그런 곳이 어디 있냐는 묵인은 사회를 썩게 만들고 정의로운 선택을 오히려 부끄럽게 만들었다. 이런 세태에 내부고발은 침묵하지 않는 고발자의 용기와 미래 사회를 위한 책임감에 대해 생각할 수 있는 계기가 되었다. 또한 정의롭지 못한 줄 알면서도 침묵해왔던 우리 모두를 부끄럽게 만들었고, 사회 정의를 위해 내가 무엇을 할 수 있을지 고민하도록 만드는 계기가 되었다.

하지만 내부고발자에 대한 징계는 혹독하고 대우는 여전히 부당하다. 그들은 조직을 배신했다는 이유로 파면, 직위 해제, 승진 불이익 등 조직 내에서 부당한 대우를 받고 있으며, 동료들 사이에서 집단 따돌림을 당해 스스로 조직에서 물러나기도 한다. 또한 사회에서도 그들이 발을 붙일 곳은 없고 또 쉽게 잊혀지고 있다. 다행히 2011년에 공익신고자보호법이 제정되어 신고자를 보호하고 있으며, 법적으로 그들의 권리 회복이 가능하도록 하고 있다.

우리 사회는 자신의 경제적 이익과 안위를 위해 스스로를 희생한 사람들을 칭송하고는 한다. 하지만 그 경우가 내가 속한 집단의 치부를 드러내는 것이거나 집단이익을 해치는 것이라는 판단이 들면 그 칭송은 비난으로 바뀐다. 공익을 위한 정의는 나와 관련 없는 가치가 되어 버리는 것이다. 이 모순된 감정을 딛고 일어서야 한다. 공익은 나와 너를 위한 것이며, 정의를 숨기는 일에 동조하는 것은 나와 너의 미래를 부정에 저당잡혀도 좋다는 약속과 같다. 공익의 확산, 공동선의 추구는 우리 생각 속의 이중성, 모순을 뚫고 일어설 때 비로소 자리를 잡을 수 있다.

# 4

## 정직을 실천하기 위한 덕목들

### 1. 용기와 당당함

생활 속에서 정직을 실천하지 위해서는 불리한 상황에서도 거짓말을 하지 않을 용기가 있어야 한다. 길가에 쓰레기를 버리거나 무단횡단을 하지 않는 등 소소한 규칙 지키기부터 자신의 양심에 따라 마음을 스스로 깨끗하게 지켜가기 위해서는 남의 눈치를 보지 않는 용기와 당당함이 있어야 한다.

당장은 손해를 보고 뒤처지는 듯하지만 돌아가더라도 바른 길을 가는 것이 결국 지름길이라는 것을 알게 될 때가 있다. 선택의 순간에 놓일 때, 정직한 가치를 선택하고 그에 맞게 행동하기 위해 가져야 할 첫째 덕목은 용기이다.

이에 관한 짧은 일화 하나를 소개하겠다. 약속시간이 임박한 상황에서 운전 중에 있었던 일이다. 시간에 쫓겨 서둘러 운전하는데, 그날따라 유난히 우회전 차선에 정체가 너무 심하여 꼼짝도 할 수 없었다. 그러던 중 누군가가 대열을 이탈하여 안전지대를 타고 신호를 무시한 채 앞으로 나아갔다. 그 광경을 보고 차량 몇 대가 앞서 가던 차를 곧장 따라갔다. 그 순간, 나도 법규는 나중이고 앞으로 나아가고 싶었다. 뒤에서는 차가 빵빵거리고 짧은 갈등의 순간이 굉장히 길게 느껴졌다. 하지만 도저히 법규를 위반할 수는 없어 자리를 지켰다. 그런데 앞서 가던 다른 차들 중 교통순경에 적발되어 교통 법규 위반으로 딱지를 발부받은 차량이 세 대나 있었다.

많은 사람들이 침묵할 때 불이익을 감당하며 먼저 말을 하면 지금 당장은 손해보는 듯하고 바보처럼 보일 것이다. 이럴 때는 자신의 생각을 믿고 남과 다른 판단을 하는 데는 용기가 필요하다. 끝까지 정직하려는 마음은 무너지기 쉽다. 그럴 때 끝까지 소신을 지키고 정직함을 놓지 않는 마음이 참된 용기이다.


## 2. 진실함

근대 계몽주의를 정점으로 올려놓으며 독일 관념 철학의 기초를 놓은 철학자 임마누엘 칸트는 진실성에 반하는 것은 무조건 거짓말이라고 보았다. 칸트는《윤리형이상학》에서 자기 생각에 반하는 것을 다른 사람에게 의도적으로 전달하는 것, 즉 자기 인격성을 포기하는 기만적인 인간현상에 대해 거짓말을 하는 것이라고 질타했다. 그리고 거짓말은 정직성, 진실성, 진정성, 솔직성을 훼손하는 것이며, 거짓말은 때로는 선한 의도에서 행해질 수도 있지만 대개 경솔하게 행해진다고 말했다.

칸트는 어떠한 경우든 거짓말이라는 것은 '인격에 대한 범죄'인 동시에 '인간을 스스로 눈에 경멸스럽게 보이게 하는 천박한 짓이다'라고 하며, 거짓말은 절대로 해서는 안된다고 주장했다. 정직에 대한 일화로 칸트 아버지의 정직성을 엿볼 수 있는 얘기가 있다.

한 노인이 폴란드 산림지대를 거쳐 고향인 실래시아 지방으로 가고 있었다. 그러나 도중에 강도를 만나 가지고 있던 말과 지갑 등을 모두 빼앗기고 말았다. 강도는 "이것이 가진 것의 전부냐?"고 물었다. 노인은 "그렇다"고 말하며 주머니 속의 물건을 모두 내어주었다.

다시 길을 떠난 노인은 짐 속에 무언가 딱딱한 것이 남아 있다는 느낌을 받았다. 깊이 넣어 두었던 금덩이를 깜빡 잊고 있었던 것이다. 노인은 발길을 돌려 강도를 찾아갔다. 그리고는 "나도 모르게 이것을 마저 드리지 못하였소"라며 금덩어리를 내밀었다. 그러자 강도는 노인의 정직함에 감동하여 감히 손을 내밀지 못하고 오히려 빼앗았던 말과 지갑까지 되돌려 주었다. 이 노인이 바로 철학자 임마누엘 칸트의 아버지였다. 이처럼 도둑의 비뚤어진 양심까

지 바로잡을 수 있는 위대한 힘은 오직 진실함에서 비롯되었던 것
이다.

# 5

## 정직과 신뢰는 성공의 기초

### 1. 손바닥으로 가릴 수 없는 하늘

정직과 신뢰, 즉 믿음은 떼려야 뗄 수 없는 불가분의 관계다. 신뢰, 즉 믿음은 자기 자신을 믿는 마음과 타인과의 관계에서 형성되는 신뢰로 나누어 볼 수 있다. 신뢰란 자기가 하는 말을 실천하고, 타인이 자신을 믿어줌으로써 형성되는 인간관계이다.

사람들은 정직한 사람을 신뢰할 수 있는 사람으로 여겨 더 많은 기회를 주고, 그 기회는 성공으로 이어지거나 밑거름이 되기도 한다. 정직하다고 해서 사회적으로 성공을 보장받지는 않는다. 그럼에도 정직하고 신뢰도가 높은 사람은 그렇지 않은 사람에 비해 성공할 확률이 더 높다. 신뢰는 규범만큼 강한 규제력을 가지고 있는 것은 아니지만 일단 신뢰관계가 형성되면 상대의 기대를 벗어나는 행위는 가급적 하지 않으려 하며 스스로를 억제한다.

신뢰는 타인으로부터 얻는 긍정의 감정인 동시에 자기 자신을 지키는 버팀목이기도 하다. 똑같은 능력을 갖고 있다 하더라도 자기 자신을 향한 믿음을 가진 사람과 그렇지 못한 사람은 결과적인 면에서 많은 차이가 난다. 자기 신뢰는 불가능한 그 무엇을 가능하게 만드는 힘이 되기도 하기 때문이다. 자기 신뢰는 인간관계뿐 아니라, 인생의 모든 면에 영향을 끼친다. 정직한 사람들로 만들어진 신뢰사회는 쉽게 흔들리거나 무너지지 않는다.

반대로, 정직하지 못한 사람이 많다면 그 사회는 불신사회라고 할 수 있다. 불신은 불편과 불이익을 낳는다. 부정직한 사람은 자신과 다른 사람에게 불편과 불이익을 가져온다. 정직한 사람이 까다롭고 융통성 없이 곧이곧대로만 하려는 답답한 사람으로 치부되는 사회적 분위기가 팽배하면 설 자리가 없어진다. 그러면 거짓말로 순간적인 위기를 모면하기를 원하고, 불법과 탈법으로 이익을 취하려는 사람들이 많아진다. 이런 분위기를 깨야 할 의무와 책임이 국가와 우리 모두에게 있다.

우리나라의 역사를 돌아보면 만연한 부정과 부패로 인해 많은 사건들이 있었다. 1994년 10월에 성수대교의 상판이 내려앉는 사고가 있었고, 이 붕괴 사건은 사회에 큰 충격을 주었다. 그리고 그 충격이 가시기도 전인 1995년 6월에 상품백화점이 무너져 내렸다. 많은 사람들이 죽거나 다쳤으며 이를 지켜 본 국민들은 트라우마에 시달려야 했다. 부실 시공과 정직하지 못한 관리 감독, 담당 공무원들의 안일한 감사 태도가 더해져 대형참사를 초래했다. 더욱이 2014년에 발생한 세월호 참사는 지금까지도 정확한 원인조차 밝혀지지 않고 있는 실정이다.

이 많은 사건·사고를 일으킨 주역들을 보며 성공한 삶을 살았다고 할 수 있을까? 여전히 많은 돈을 움켜쥔 채 떵떵거리며 잘 살고 있으니 성공했다고 해야 할까? 이들은 완전히 실패한 삶을 살았다. 정직하지 못하고 거짓과 권모술수를 일삼으며 너무나 많은 생명을 죽게 만들고 상처 입게 만들었다.

정치권 역시 마찬가지다. 사회적 성공 가도를 달리며 추앙받던 이들이 크고 작은 거짓말과 거짓 행동으로 몰락의 길을 걷고 있다. 이는 당연한 수순이다. 권력으로 가리고 덮어도 결국에는 드러나게 되어 있고, 사람들이 드러나게 할 것이다. 이들의 몰락이 사회에 교훈이 되어 정직의 가치가 재조명되어야 할 것이다.

사회적으로 많은 영향을 미치는 대중문화 콘텐츠에 대한 표절시비가 심심찮게 일어나고 있다. 연예인들의 일거수일투족이 화제가 되고, 그들이 만들어내는 콘텐츠는 전 세계적으로 소비되며 인기를 얻고 있다. 그런데 누가 누구 노래의 어떤 부분을 교묘하게 베꼈고, 이 프로그램은 어느 나라의 어떤 프로그램 포맷을 무단으로 가져왔는지, 드라마는 어떤 인터넷 소설의 설정을 가져와서 썼는지 백일하에 드러나는 세상이 되었다. 특히 대중문화 콘텐츠 표절은 개인의 문제가 아니라 사회문제가 되고 있다. 이와 더불어 학력 위조, 논문 표절 역시 사회적으로 많은 파장을 일으켰다. 이들이 대중의 인기를 먹고 사는 직업인이며 대중매체 노출이 잦다 보니 잘못에 대한 비난 역시 높아질 수밖에 없다. 이들의 부침은 거짓말을 하면 안된다는 가치가 공유되는 데 큰 영향을 미치고 있다.

큰 사고는 작은 부정에서 시작된다. '나 하나쯤이야' 하는 안일함과 도덕적 해이가 모여 큰 부정과 부패의 고리가 만들어지고, 경제, 교육, 복지뿐 아니라 기본적인 삶과 생명을 위협하는 부메랑이 되어 우리에게로 되돌아오고 있다.

정직과 청렴국가로 인정받는 핀란드는 법적인 부패방지위원회 등은 없으나 모든 업무의 처리가 개방되어 있어서 누구나 국가의 업무 진행 상황을 한눈에 볼 수 있다고 한다. 언론의 철저한 감시와 시민들의 높은 반부패의식, 엄격한 법제도와 감시체계, 정치 주체들의 책임정치 등이 핀란드를 일등 청렴국가로 만든 것이다.

우리 사회 역시 더 청렴해져야 할 것이다. 과거사에 대해 지속적으로 사과를 요구하고, 어떤 형태로든 그에 대한 책임을 지도록 하며, 정직과 정의, 신뢰의 가치는 결코 무너질 수 없다는 것을 보여주어야 한다.

# 6

## 정직을 가로막는 장애물

정직은 불편을 수반한다. 정직하게 살아야 한다는 것을 알면서도 정직해지기 쉽지 않은 이유이다. 당장 눈앞에 보이는 손해와 불편함 때문에 우리는 정직의 가치를 쉽게 외면한다. 치열한 경쟁사회가 우리 자신을 부정직한 삶으로 내몰고, 물질만능주의와 성공지상주의가 팽배해 있는 현실에서 원칙과 기본은 존중되지 않는다. 남보다 내가 더 잘되어야 하고, 일단 이기고 보자는 의식이 만연해 있어 정직보다는 부정직함과 안일함에 더 큰 가치를 부여한다.

'내가 하면 합법이고 남이 하면 불법'이라는 말이 심심찮게 입에 오르내리는 현실이다. 이런 몰가치한 사고방식은 뿌리뽑아야 한다. 건널목을 건널 때도 혼자 있을 때는 규칙과 질서를 잘 지키다가도 많은 사람들이 신호를 무시하고 건너면 무리에 휩쓸려 건너는 경우를 흔히 본다. 집단적으로 불법을 저지를때는 양심의 가책을 덜 느끼거나 아예 느끼지 않는다. 관행이라는 이름으로 합리화하며 오히려 불법을 부추기기도 한다. 이런 경우, 누군가 제재를 가하면 재수없이 나만 걸렸다며 모두 똑같이 잘못을 저질렀는데 나에게만 화살이 꽂힌다며 불만을 토로한다. 책임질 줄 모르는 도덕 불감증의 극치를 보는 듯하다.

또한 '무전유죄, 유전무죄'라는 말은 한동안 빈익빈 부익부의 폐해를 대변하는 말로 널리 쓰였다. 이 말속에 숨은 뜻은 가진 자들에 대한 저열한 분노만이 아니다. 부정직한 방법으로 자본을 모으고 그 자본으로 부당하게 권력을 행사하는 이들에게 던진 정직한 메시지였다. 무전유죄라는 말은 사람들 가슴에 박히는 아픔이 되었지만, 역설적으로 시류에 편승해 살지 않으면 가난해진다는 불안을 드러낸 표현이기도 하였다.

정직하면 나만 바보가 되고 말 것이며 사회에서 조롱당한다는 불안감은 우리를 정직의 가치와 멀어지게 하는 요인 중 하나이다. 안타깝게도 우리 사회는 이런 불안을 제대로 덜어주지도 못할 뿐 아니라 상처 입은 마음들을 달래주지도 못하고 있다. 자본의 불평등은 물론 제도와 권력의 불평등까지 그대로 받아들이며 당연한 사회현상으로 인식하고 있는 것이다. 이런 상황이 계속되면 이 사회에서 정직과 정의의 가치는 점점 설 자리를 잃어가게 될 것이다.

# 7

## 정직이라는 징검다리를
## 어떻게 건널 것인가?

브랜드 마케팅의 대가 린 업쇼는 《정직이 전략이다》미다스북스, 2011
라는 책에서 "부정직한 기업은 망하고, 정직한 기업이 성공한다"고
일갈하였다. 정말 그럴까? 우리나라는 재벌이라는 아주 독특한 구조
의 경제 권력이 사회 전반을 지배하고 있다. 재벌은 오늘날의 기업
구조를 갖기까지 정경유착, 경언유착, 각종 불법과 탈법 등 부정직한
방법들이 권력을 등에 업고 활개를 쳤다. 부정직한 기업이 성공한 것
이다.

그런데 우리는 부정직함을 그 기업의 능력이라고 묵인하며 받아
주었다. 재벌 구조를 개혁하자는 주장들이 설득력을 얻어 가는 요즘,
재벌은 정직하고 투명한 경영을 통해 정경유착의 고리를 끊어야 한
다. 이는 기업 이익을 사회에 환원하자는 경제적 보상과는 차원을 달

리하는 문제이다. 재벌 구조는 국가의 경쟁력과도 직결된다. 국가 경쟁력은 개인과 기업 모두가 신뢰 수준이 높을 때 견고하게 유지될 수 있다. 정직의 가치가 제대로 인정받는 개인과 사회가 되려면 신뢰성이 기본 바탕이 되어야 한다. 그래야 발전할 수 있다.

현대사회는 글로벌 감성과 인성을 두루 지닌 인재를 필요로 한다. 글로벌 인재를 발굴하기 위해서는 다양하고 폭넓은 지식을 바탕으로 창의력을 발휘할 수 있는 환경이 조성되어야 한다. '정직'의 가치를 가정과 학교에서 제대로 교육시켜 개인의 도덕성을 향상시키고, 이 도덕성이 지역 공동체, 국가 공동체에 영향을 미쳐 도덕성 상승을 가져오는 선순환 구조가 만들어지고 정착되어야 한다. 정직이야말로 경쟁에서 함께 이길 수 있는 유일한 무기인 것이다.

정직은 상황이 달라졌을 때나 유리했던 입장이 불리한 입장으로 바뀌었을 때에도 말을 바꾸지 않고 거짓말을 하지 않으며 자신의 소신을 굽히지 않는 용기의 표현이다. 이렇게 일관성을 유지하는 사람은 타인에게서 신뢰를 얻을 수 있고, 이 신뢰를 바탕으로 사람들의 마음을 얻고 관계를 잘 구축해 나갈 수 있다.

정직은 사람과 사람 사이를 이어주는 징검다리와도 같다. 한 개의 징검돌을 건너면 그 다음 징검돌이 나를 건네주기 위해 물 위에 떠 있을 것이다. 징검돌은 마법과도 같아서 하나를 건너면 또 다른 징검돌이 나타나서 나를 건네주면서 끝없이 이어진다. 나의 정직함이 징검돌이 되어 다른 사람을 건네주기도 한다. 마찬가지로, 다른 사람의 정직함이 만든 징검돌을 딛고 나 역시 물을 건넌다. 그렇게 사람과 사람은 이어져 있고, 세상과 세상은 연결되어 있다. 연대를 가능하게 하는 보이지 않는 힘이 바로 정직이고 신뢰인 것이다.

■ 참고문헌

· 《서울대 문용린 교수의 도덕동화, 정직 편》, 길해연 지음, 키즈 김영사, 2011.

· 《행복한 너무나 행복한 즐거운 정직》, 김석돈 지음, 행복에너지, 2016.

· 《정직과 나눔을 실천한 기업인 유일한 저자》, 박인택 글, 한국슈바이처, 2007.

· 《어린이를 위한 정직 바르게 살아가는 힘》, 우봉규 글, 위즈덤하우스, 2009.

· 《긍정의 에너지 인성으로 소통하라》, 송태인. 백종환 공저, 미디어숲, 2012.

· 〈청소년을 위한 방송〉, 서울시 교육청 블로그 산업정보교육과, 2005.

· 《사회 정의란 무엇인가》, 이종은 지음, 책세상, 2015

· 《윤리형이상학》, 임마누엘 칸트 지음, 백종현 옮김, 아카넷, 2012

# 5장

# 사람과 사람을 잇는
# 아름다운 무지개, 예절

강지원

# 1

## 예절의 의미

예절禮節이란 예의범절의 줄임말이며 여기서 예는 예의, 예법 등을 의미한다. 예의가 눈에 보이지 않는 가치, 공동체 구성원들 사이에 합의된 관념이나 전통 등을 일컫는다면, 예절은 겉으로 드러나는 형식적인 면, 예의의 실천행위라고 볼 수 있다. 우리가 흔히 "예의가 없다"라고 말할 때는 겉으로 드러나는 행동, 말투 등으로 판단의 근거를 삼기도 한다. 예의와 예절의 뜻에 차이가 있지만 사람들은 동일한 의미로 쓰는 경우가 대부분이며, 개인에 따라 예의와 예절을 혼용하여 쓰기도 하고 한 가지만을 쓰기도 한다. 예절은 주로 공식적이며 사회 구성원들 간에 암묵적으로 받아들여지는 절차 등에 대해 포괄적으로 쓰이며, 예의는 개인 간에 서로 지키거나 피해야 할 행동이나 말투 등에 두루 쓰이고 있다.

서양의 에티켓étiquette, 매너manner 등이 우리의 예의나 예절에 해당하는 말이다. 프랑스어인 에티켓은 특정 사회나 직종 구성원들 사이에서 통용되는 예의로 정의할 수 있다. 에티켓의 유래로는 크게 두 가지가 있는데, 하나는 옛날 프랑스 궁전에서 예식을 치를 때 방문하는 사람들에게 예식 절차를 적은 작은 티켓을 나누어준 것에서 비롯되었다는 설이다. 또 다른 하나는 루이14세 재임 당시 궁전에 화장실이 없어 방문객들이 정원의 풀숲이나 나무 아래에서 용변을 보는 일이 많아지자 정원사가 나무를 보호하기 위해 세운 안내 표지판에서 유래되었다고 전해진다.

요즘 에티켓은 사교모임이나 공공장소에서 만인에게 두루 통용되는 예법이라고 확대 적용할 수 있다. 시간, 장소, 상황을 일컫는 TPOTime, Place, Occasion에 따라 옷차림새를 달리하는 것, 윗사람을 보면 먼저 인사하는 것 등을 예로 들 수 있다. 매너는 일을 처리하는 방식이나 개인의 태도 등을 일컫는데, 에티켓보다 더 광범위하게 일상적으로 쓰이는 말이다. 매너가 좋다 혹은 나쁘다고 말할 때가 있다. 상대가 예의 바르게 행동하거나 생각치 못한 배려를 받았을 때 매너가 좋다라고 말하는 반면, 상대가 이기적으로 행동하거나 거친 언사를 쓸 때는 매너가 나쁘다고 한다. 예의를 대체하는 뜻으로 가장 많이 쓰이는 단어가 아닌가 싶다. 최근 싹수의 전라도 방언인 '싸가지'라는 말이 젊은 사람들 사이에서 두루 통용되고 있다. 표준국어대사전에 등재된 단어지만 어감 때문에 욕으로 느끼기도 한다. 예의나 예절을 나타내는 표현들이 다양한 만큼 때와 장소에 따라, 상대에 따라 다르게 쓰이며 미묘한 차이를 보이는 점이 흥미롭다.

　전통적으로 예절 수업은 생활관 같은 곳이나 예절학교에 들어가 합숙을 하면서 한복 입는 법, 큰절하는 법, 한식 상차림을 배우며 차 마시는 법까지 다양하게 익히고 오는 과정을 떠올린다. 그렇게 합숙 교육이 끝나면 수료증을 받고 통과의례처럼 느껴지는 예절교육을 마쳤다.

　그러나 요즘 중요하게 여겨지는 예절은 초등생 시절 잠깐 배우고만 전통예절 보다 공공예절, 사내직원을 대상으로 한 직장예절, 인터넷 예절을 일컫는 넷티켓 등이다. 현대사회에서 예절은 개인과 개인 사이에서 실천할 덕목일 뿐만 아니라 사회 구성원 간의 공통된 합의 속에서 실천해야 할 공공예절도 포함한다. 시대가 변함에 따라 다양한 방식, 새로운 형태와 형식의 예절이 필요해진 것이다.

　변화하는 세대를 반영하듯 현대인들의 예절문화 역시 바뀌고 있다. 나이로 서열화하여 일방적으로 예의를 갖출 것을 강요하던 낡은 방식 대신 나이와 세대를 초월해 서로 간에 섬김의 정서, 예의의 표현이라는 새로운 방식에 익숙해져야 한다. 불특정 다수를 향한 비대면 예절이 점점 더 중요해지고, 우리 문화권을 벗어나 초국적, 초경계를 지향하는 글로벌 에티켓이 더욱 중요해지고 있기 때문이다.

　더불어 온라인상에서도 일상적인 예의들이 알맞은 형식과 표현으로 지켜져야 한다. 넷티켓netizen과 etiquette의 합성어로 온라인상에서 지켜야 할 전반적 예절을 일컫는다은 현대인들이 반드시 지켜야 할 필수 예절이 되어 가고 있다.

예절은 결코 어렵거나 까다로운 것이 아니다. 예절, 예의는 한 사람을 있는 그대로 존중하며, 그 사람이 영위하는 일상을 인정하는 데서 출발한다. 내가 속한 문화권에서 배운 예절과는 상반된다 할지라도 특정 공동체의 오랜 전통과 문화, 생활 방식이나 습성을 존중하는 데서 나온다. 다르다고 하여 편견을 갖거나 내 잣대를 기준으로 비판하지 않는 공명정대한 마음에서 예절은 시작된다. 이 마음과 생각이 없으면 좋은 말로 깎듯하게 예의를 차린다고 하더라도 속빈 강정에 불과할 것이다.

예절은 우리가 태어나는 순간부터 죽는 순간까지 우리를 규정하는 옷과도 같다. 옷의 소재, 질감, 색깔은 백인백색, 만인만색이다. 누가 어떤 옷을 입고 있건 그대로 인정해야 한다. 그 홀가분한 인정이 있은 뒤라야 제대로 된 무지개 다리가 사람 사이에 놓일 수 있다. 그 무지개 다리는 결코 허황된 신기루로 사라지지 않는다. 무지개 다리가 내뿜는 아름다운 빛은 우리 마음으로 스며들어 삭막하고 힘든 하루하루를 견디게 해주는 힘이 되어 줄 것이다.

# 2

## 동양의 전통예절

    동양의 전통예절은 유교철학 이념과 밀접히 맞닿아 있다. 유교철학 창시자인 공자 사상의 핵심가치로 인仁을 들 수 있다. 인仁은 자기 자신이 싫은 것을 남에게도 시키지 않는 것, 자기보다 남을 먼저 높이는 것, 과유불급過猶不及으로 간단하게 설명할 수 있다. 인仁의 정신은 타인과 관계를 형성할 때 반드시 필요한 덕목이며, 예禮라는 구체적인 형식을 통해 비로소 완성될 수 있다. 예란 나를 불편하게 하고 구속하는 형식적 틀이 아니라, 타인과 내가 원만한 관계를 유지하는 데 필요불가결한 최소한의 마음가짐, 몸가짐인 것이다.

    맹자는 예와 관련하여 기본 정신으로 '사람이 마땅히 갖추어야 할 네가지 덕'인 인·의·예·지仁義禮智를 제시하며 "어질고, 의롭고, 예의 바르고, 지혜로움을 이른다"라고 해석하였다. 인의예지를 설명하는 아주 유명한 맹자의 가르침이 있는데, 맹자의 제자 공손추가 맹자와 주고 받은 문답을 책으로 정리하여 엮은《공손추 상》권에 인간의 본성과 예절에 관한 유명한 예시가 실려 있다.

맹자는 "어린아이가 우물에 빠지는 상황에 맞닥뜨렸을 때, 이를 본 사람은 깜짝 놀라서 본능적으로 아이를 구하려고 하는 마음을 갖게 되는데, 이는 부모와 교분을 맺으려는 마음도 아니고, 칭찬을 바라는 것도 아니고, 울음소리가 듣기 싫어서 그런 것도 아니고 다만 사람이기 때문이다"라고 하였다. 특히 맹자는 인간은 본래부터 선한 마음을 가지고 태어난다는 '성선설'을 주장하며 사람의 본성에서 우러나오는 네 가지 마음을 이야기하였다. 이것을 사단四端. 선을 싹 틔우는 4개의 씨앗, 실마리, 단서이라 하였으며, 사단은 각각 인仁 · 의義 · 예禮 · 지智의 사덕四德으로 발전하게 되는 것이라고 하였다.

1. 인(仁)에서 우러나오는 마음은 **측은지심(惻隱之心)**이다. 곤경에 처한 사람을 가엾고 불쌍하여 측은하게 여기는 마음이다.
2. 의(義)에서 우러나오는 마음은 **수오지심(羞惡之心)**이다. 옳지 못함을 부끄러워하고, 착하지 못함을 미워하는 마음이다.
3. 예(禮)에서 우러나오는 마음은 **사양지심(辭讓之心)**이다. 겸손하게 나를 낮추고 남을 공경하며 남에게 사양하는 마음이다.
4. 지(智)에서 우러나오는 마음은 **시비지심(是非之心)**이다. 옳고 그름을 가리며 판단할 줄 아는 마음이다.

이 네 가지 덕목은 배우고 익혀서 나오는 마음이 아니며, 우리가 보고 느낄 수는 없지만 우리 안에 이미 내재되어 있는 성품으로 따스한 물에 녹차잎을 넣으면 녹차물이 우러나듯 자연스럽게 스며나오는 마음이라고 하였다. 이 네 가지의 마음이 바로 예禮의 근본이 되는 것이다.1)

유교철학이라고 하면 고리타분하고 시대에 맞지 않는 낡은 가치관으로 치부해버리기 쉬운데 결코 그렇지 않다. 특히 공자와 맹자는 인간의 본성에 대해 날카롭게 꿰뚫어보며 어떻게 처신하고 사람끼리 관계를 맺어야 할지 깊이 있게 분석하고 있다. 예는 인간이라면 누구나 갖추고 있는 본성이며, 마땅히 밖으로 드러내고 행동해야 하는 살아 있는 가치로 해석하였다. 예의 기본이 되는 이 네가지 덕목은 남을 살리는 미덕이기도 하지만 결국엔 내가 속한 공동체를 구하고 나를 살리는 실천방안이다. 타인이 처한 상황을 헤아리고 배려하려는 마음과 생각이 예의 출발점이다. 이 출발점은 시대를 넘어 현재에도 여전히 유효하다.

---

1) 이상 《공손추 상(公孫丑 上)》에서 인용.

# 3

## 좌빵우물과 밥상머리 교육

예전부터 아이들에게 삶의 지혜와 기본 예절에 대해 가르침을 주고받을 수 있는 자리는 단연 '밥상머리'였다. 아침에는 가족이 함께 앉아 밥을 먹으며 "친구와 싸우지 말아라", "어른들에게 공손하게 대하여라"라며 예의 바르게 행동하기를 당부하는 자리였고, 저녁에는 "오늘은 어떤 일이 있었니?", "친구들과는 사이좋게 잘 지냈지?"라며 그 날의 일과를 말하고 들으며 엄격하면서도 자유롭게 예의를 가르치는 자리였다. 뿐만 아니라 "손톱 물어뜯지 말아라", "다리 떨지 말아라", "머리 흔들지 말아라" 등 바르지 못한 행동을 지적하고 때로는 엄하게 혼을 내기도 했다. 이처럼 밥상 앞은 밥만 먹는 곳이 아니라 바르지 못한 행동을 알려주고 고치는 가르침의 자리였다

하지만 밥상머리가 식탁으로 바뀐지 오래되었고, 온 식구가 함께

모일 수 있는 식사자리가 손에 꼽을 정도가 되었다. 부모와 자녀만으로 이루어진 핵가족을 넘어 1인 가구가 500만 명을 넘어섰다. 부모들은 끊임없이 일에 쫓기고, 아이들은 학교와 학원을 오가며 바쁜 날들을 보내고 있다. 온 가족이 함께 모여 식탁 앞에 앉을 여유도 없다. 아침이면 학생들은 잠도 덜 깬 채 간단한 토스트나 시리얼로 아침식사를 대신하고 등교하기 바쁘며, 어른들은 출근 시간 정체를 피하기 위해 1분, 1초를 아껴가며 아침 시간을 보내다 보니 아침 식사를 차려 먹을 여유조차 없다. 어쩌다 식구가 한자리에 모여 식사를 한다고 해도 핸드폰과 태블릿에 온통 사로잡혀 서로 얼굴조차 마주하지 않는 경우가 많다.

그 결과 '밥상머리 교육'은 이제 책에서나 볼 수 있는 모습이 되었다. 부모가 함께 밥을 먹으며 아이들에게 이런 저런 얘기를 해주지 못하기에 기본이 되는 일반적인 예절마저도 가르치지 못하고 적절한 훈육시기를 놓치고 있다.

또한 서양식 식탁 예절이 보편화되면서 좌빵우물식탁 왼편에 빵, 오른쪽에 물이 좌밥우국밥상 왼쪽에 밥그릇, 오른쪽에 국그릇을 밀어내고 있는 실정이다. '어른이 먼저 수저를 드실 때까지 기다린다'거나 '밥뚜껑 위에 밥그릇을 올려놓지 않는' 등의 기본적인 밥상머리 예절을 제대로 익힐 사이도 없이 서양 식탁 예절, 즉 '좌빵우물', '냅킨은 무릎' 등 낯선 문화를 익히고 있다.

한 초등학교에 재직 중인 한 선생님은 "고학년이 되어서도 젓가락을 제대로 사용할 줄 모르는 아이들이 많다"며 그 이유가 밥상머리 교육의 부재 때문이라고 일갈하였다. 한편에선 밥상머리 교육 기회가 없어지는 것을 애석해하며 밥상머리 교육의 부활을 시도하는 움직임이 있었지만 생활 속 실천으로 이어지지는 않았다.

생각해보면 밥이 빵으로 바뀌고 젓가락이 포크로 바뀌었고, 조부모와 함께 밥을 먹지 않는다고 해서 기본 예절이 달라지는 것은 아니다. 가정 내에서 이루어지던 예절교육이 공적인 영역으로 점점 옮아가고 있고, 또 필요해졌으며. 인성교육 안에서 이루어지는 예절교육은 점점 더 중요해지고 있다.

한 지역 공동체에서는 사라져 가는 밥상머리 교육의 취지를 살리고 이웃들 간에 정을 돈독히 하고자 한 달에 두 번 정해진 시간에 모여 함께 밥을 해 먹는다고 한다. 이웃 아이들, 어르신들과 함께 밥을 짓고 함께 먹으며 두런두런 얘기 나누는 자리를 통해 아이들에게 자연스레 공동체 의식을 배우고 익히게 하는 것이다. 아이들은 식사를 함께 준비하는 과정을 통해 다른 아이들과 협동하고, 어르신들의 말에 귀를 기울이고 함께 밥을 먹으며 자연스레 밥상머리 교육에 노출되는 것이다.

또한 음식을 만드는 과정에 참여하고 밥상을 차리는 과정에서 밥이 뚝딱 만들어지지 않는다는 것, 많은 사람의 수고와 노력이 있어야 밥 한 끼를 먹을 수 있다는 사실을 새삼 알게 되고 고마움을 느끼게 된다. 지역 공동체에서 이루어지는 한 끼 식사의 가치는 현재가 아니라 미래에 더욱 빛날 것이며, 가정에서 이루어지기 힘든 밥상머리 교육이 지역 공동체로 자연스레 옮아간 좋은 예라고 할 수 있다.

# 4

## 생활 속 예절

### 1. 인사(人事)가 만사이다

인사는 다른 사람을 만났을 때 나누는 첫 번째 대화이며, 인사예절은 많은 생활예절 중에서도 가장 기본이 되는 예절이다. 그래서 인사를 잘하는 사람을 보면 '사람 괜찮네'라고 말을 하지만 인사성이 없는 사람에게는 '저 사람 고개가 뻣뻣하네'라며 언짢아한다.

인사는 상대를 향한 존경의 표현이고, 반가운 마음과 친밀감을 나타내는 가장 손쉬운 방법이며, 타인의 마음을 여는 열쇠이기도 하다. 공경하는 마음과 존중하는 마음으로 인사를 나누려면 순수하고 정성스런 마음가짐이 바탕에 깔려 있어야 한다. 반가움을 나타나지 않거나 존경심이 없는 인사는 상대가 인사를 받으면서도 불편해하거나 심지어 불필요한 오해를 불러일으키기도 한다. 성의 없이 고개만 까딱하거나 고개를 제대로 숙이지 않은 채 말로만 하는 인사, 인사말을 입안에서 웅얼거리며 대충 하는 인사, 눈을 빤히 바라보며 하는 인사는 바른 인사라고 할 수 없으며, 이런 인사는 오히려 상대를 기분 상하게 할 수도 있다.

인사는 받는 사람만 기분 좋아지는 것이 아니라 하는 사람도 기분이 좋아지는 행동이다. 상대의 밝은 인사는 그 사람에 대한 신뢰를 느끼게 한다. 인사를 받은 사람은 기분 좋은 칭찬을 할 것이고, 그 칭찬은 나를 '괜찮은 사람', '예의바른 사람'으로 인정하는 계기가 된다. 그러므로 밝고 상냥한 인사는 공동체를 활기차게 만들며, 인간관계를 원만하게 만들어준다. 특히 직장 내에서 인사 예절은 지위의 높고 낮음을 막론하고 중요한 처신으로 여겨진다.

인사는 처음 만났을 때에만 하는 것은 아니다. 상대의 상황에 따라 적절하게 반응하고 위로와 축하, 감사 등의 감정을 전하는 것도 인사이다. 미안한 일이 있을 때, 고마움을 표현할 때에도 자신의 감정 대로 '미안합니다', '고맙습니다' 등의 인사를 하고 어려움에 처했을 때 '도와줄 일 없습니까?', '아픈 몸은 괜찮습니까?' 등의 적절한 말로 '안녕하십니까'라는 말을 대신할 수 있다. 사람과 상황에 맞게 인사말만 잘 건네도 다정다감한 사람, 센스 있는 사람이 될 수 있다. 이렇듯 예절은 사람 관계를 부드럽고 따뜻하게 만들어 주는 마법과도 같은 것이다.

특히 직장 내에서 인사예절은 직장생활의 기본이라 할 수 있다. 인사는 스쳐 지나는 말이 아니라, 대화의 시작을 알리는 신호탄과도 같은 것이다. 상대에게 늘 관심이 있고, 근황에 대해서도 알고 있으며, 또 알고 싶다는 친밀감의 표시가 인사말에 그대로 담겨 있다. '안녕하세요?'를 넘어 상대에 대한 관심과 애정이 담긴 적절한 인사말은 한 사람의 이미지를 좋게 각인시키는 데 결정적인 역할을 하기도 한다.

인사법은 때에 따라, 상황에 따라 종류와 방법이 다르다. 하지만 기본적으로 유의할 점이 있다. 인사를 할 때는 반드시 상대와 눈을 맞추며 미소 띤 얼굴로 인사하고, 걷거나 뛰는 자세에서는 인사하지 않는 것 등 상식적인 내용을 지키면 예법에 크게 어긋나지 않는다. 또한 고개와 허리를 숙이는 각도에 따라 보통의 인사, 사과의 인사 등으로 구분되기도 하므로 장소와 상황에 따라 적절하게 대처하면 될 것이다.

직장 내에서 이루어지는 무례한 행동이나 말은 업무에 대한 관심을 사그러지게 할 뿐만 아니라 이직 결심까지 하게 만드는 등 악영향을 미친다. 요즘 기업에서는 신입 사원뿐 아니라 전 사원을 대상으로 한 예절교육이 광범위하게 시행되고 있다. 예절교육을 통해 하급자와 상급자간의 상호 인사법, 적절한 사과법, 명함 건네기, 상석 위치, 술자리 예절 등 사소하지만 중요한 에법들을 익히도록 하고 있다. 업무 수행 못지 않게 사내 예절이 직장생활에서 점점 중요해지고 있다는 반증이다.

특히 외부 업체와 업무를 진행해야 할 때 비즈니스 에티켓은 회사 이미지를 좌우하는 비즈니스의 첫걸음이 된다. 최근 사회적으로 문제가 되고 있는 갑질의 시작은 무례한 행동에서부터 시작되는 것은 아닐까 싶다. 상사의 부당한 업무 지시와 강요, 부적절한 대우에 대해 참고 넘어가거나 사내 분위기를 망치지 않기 위해 개인이 희생하고 넘어가던 시대는 지났다. 서로가 서로를 배려하는 마음으로 예의를 지키는 일은 업무의 시작이자 끝이다.

## 2. 내 마음의 민낯, 언어 습관

언어, 즉 말의 속성에 대해 규정한 속담들은 많다. 하지만 '말 한마디로 천냥 빚을 갚는다', '죽마고우도 말 한마디에 갈라선다'라는 말보다 더 적확하게 꿰뚫어 보는 속담이 또 있을까 싶다.

말이란 자신의 생각을 다른 사람에게 전달하는 중요한 의사소통 수단이며, 인간관계를 형성해 나가는 데 있어 기본 요소이다. 하지만 서툴거나 잘못된 표현 등으로 서로 오해하거나 상처를 주고받기도 한다. 같은 말이라도 받아들이는 사람의 성장 배경, 경험, 현재의 상황에 따라 얼마든지 달리 해석할 수 있기 때문에 적절한 언어를 고르고 말로 표현하는 것은 쉽고도 어려운 일이다. 따라서 통상적으로 받아들일 수 있는 무난한 말로 의사소통하는 것이 중요하다. 처음 만나는 자리거나 아직 서먹한 사이임에도 분위기를 부드럽게 한다고 유행어를 남발하거나 온라인에서 통용되는 넷용어net language를 쓰는 것은 오히려 무례한 인상을 주기 쉬우므로 주의해야 한다.

외모가 아무리 멋있고 아름다운 사람일지라도 그 사람의 입에서 나오는 말이 예의 없는 말, 거칠고 험한 말, 거짓말이라면 신뢰하기 어렵고 좋은 사람이라고 생각할 수 없다. 예전에 사람을 판단하는 네 가지 조건으로 신언서판身言書判을 들었다. 몸과 언어와 문필력과 판단력이 그것인데, 언어는 그 사람의 내면을 그대로 보여주는 거울이자 인격을 판단하는 기준이 되기도 한다.

말을 배우기 시작하는 영·유아기 아이들에게 언어는 인지발달과 더불어 사회성 발달에 영향을 미치는 매우 중요한 요소이다. 태어나서 처음 옹알이를 하는 때부터 여러 단어와 문장을 익혀나가는 영·유아기의 언어는, 표현 자체보다도 예의에 맞는 적절한 표현으로 학습되어야 한다. 어렸을 때부터 한국어뿐만 아니라 외국어도 기본으로 가르쳐야 한다며 영어교육에 집중하는 부모들도 많지만, 그러기에 앞서 언어교육은 예절교육임을 인식하고 아이들이 올바른 언어를 배우도록 관심을 가지고 가르쳐야 한다.

요즘 중·고등학생 뿐 아니라 대학생들 사이에서도 욕설이 무분별하게 쓰이고 있다. 그 욕이 어디에서 유래되었고 정확한 뜻이 무엇인지 알지도 못한 채 습관적으로 사용하다 보니 욕에 무감각해지고 거친 언어에만 반응하는 경우가 다반사이다. 욕이 일상화되면서 시시때때로 다르게 변하는 자신의 감정을 전달하는 데 있어 어휘가 점점 빈약해지고 욕이 아니면 말이 안되는 경우에 이르기도 한다. 또한 줄임말이나 넷용어를 일상적으로 쓰고 있어 부모 세대와 의사소통 단절을 겪기도 한다. 한편으로는 유학생들 사이에서 쓰이던 슬랭slang - 비속어, 은어이 온라인을 통해 유포되고, 일상적으로 쓰이기도 한다.

이런 현상에 대해 일각에서는 한글파괴라고 하여 우려를 나타내고 있다. 이런 흐름이 잠깐의 언어유희나 스트레스 해소 정도의 유행으로 그친다면 그리 걱정할 게 없겠으나 일상어로 정착되면 예측하지 못한 문제를 일으킬 수도 있다. 최근 계층 간, 세대 간 사용 어휘가 달라지면서 의사소통에 어려움이 생기고 있다. 청소년들의 경우, 또래 집단에서 통용되는 말이 무례함을 담고 있는지, 부도덕한 것인지에 대한 판단이 미숙하기 때문에 언어를 골라 쓰지를 못한다. 언어예절에 대한 교육이 점점 더 중요해지고 있는 이유이다.

말은 살아 있는 생물과 같은 것이다. 예전에 욕설로 쓰였던 단어가 점차 그 뜻이 순화되어 쓰이기도 하고, 반대의 경우도 있을 수 있다. 사회 구성원들이 받아들이고 광범위하게 쓰이는 순간, 그 말은 우리의 자화상을 색칠하는 새로운 색이 된다. 그 색이 조화로울지, 조화를 깨는 무례한 색이 될지는 후대가 판단하게 될 것이다.


### 3. 나를 높여주는 존댓말

높임말 또는 존댓말은 사람이나 사물을 높여서 이르는 말2)로서 상대에게 경의를 표하기 위하여 쓰는 말이다. 일반적으로 나이가 적은 사람이 나이가 많은 윗사람에게 쓰며, 연배의 많고 적음에 상관 없이 처음 보는 사람 사이에서도 높임말은 자연스럽게 사용된다. 사회생활을 하다 보면 높임말이 반말보다 외려 편할 때가 많은데, 이는 나의 언어습관이 어떠한지 알 수 있는 척도가 되기도 한다.

높임말은 상대와 나의 관계가 어떻게 형성되어 있는지, 내가 상대를 어떻게 바라보고 있는지를 알 수 있게 해준다. 오랜기간 동갑내기 친구로 지내면서도 서로 높임말을 쓰는 경우를 볼 수 있다. 나이 차이가 많이 나는 손윗사람이 하대하지 않는 경우도 많다. 친구 사이에 어색하게 무슨 높임말이며, 윗사람이 존대하면 불편해서 어쩌냐 하겠지만 높임말이 어릴 때부터 자연스럽게 몸에 배면 전혀 불편하지 않으며, 서로 간에 존대하는 관계가 만들어지면 서로를 더 인격적으로 대우하게 되고 더 탄탄한 관계를 유지할 수 있다.

예전에는 자녀들에게 사리에 맞지 않는 말은 차라리 아니함만 못하다고 가르쳤고, 거칠고 상스럽거나 도리에 어긋나는 말 그리고 남을 험담하는 말은 하지 않도록 지도했으며, 어른께는 항상 존댓말을 쓰도록 하였다. 이러한 가르침은 가정에서 뿐만 아니라 아이들이 성장해서 맺게 되는 모든 인간관계에 기본적으로 영향을 미친다고 여겼기 때문이다. 이러한 가르침은 현대의 지식정보화 사회에서도 예외가 아니다.박상희 · 주영애, 2001

2) 국립국어원 표준국어대사전

과거에는 아이들이 7세쯤 되면 높임말을 쓰기 시작했으며, 일상적인 대화에서도 '편안히 주무십시오', '진지 드세요' 등의 존댓말을 자연스럽게 사용하였다. 하지만 요즘 아이들은 이런 말을 사극에서나 들을 수 있는 말로 여기며 존대하는 말 자체를 어색하고 불편하게 생각한다. 하지만 웃어른에게는 그에 적절한 언어표현을 할 수 있도록 어릴 때부터 가르쳐야 한다. 적어도 '안녕히 주무셨습니까?', '진지 잡수세요', '자리에 안 계십니다'와 같은 표현 정도는 정중하고 익숙하게 사용할 수 있도록 지도해야 한다. 유아기에 형성된 언어 습관은 쉽게 바뀌지 않는다. 그렇기에 자의식이 형성되는 유아기에 존댓말을 가르치는 것은 다른 사람을 배려하는 마음과 존중하는 마음을 가지게 하는 좋은 인성교육이며, 올바르게 사용하는 존댓말은 원만한 대인관계를 만든다.

## 4. 세계로 뻗어나가는 우리 oppa

높임말 부재 현상과 함께 호칭파괴 현상은 현대사회에서 두드러지는 언어 습관 중 하나이다. 호칭이란 특정 사람을 가리키거나 부르는 명칭을 말한다. 예절과 법도를 중요시했던 조선시대에만 해도 신분제를 유지하기 위해 호칭을 굉장히 엄격하게 지켰다. 그리고 신분의 고위를 표시하며, 친족 간 위계 질서를 흐트리지 않기 위해 호칭은 세분화되었다. 호칭에 따라 앉는 자리, 인사법 등 사회적 관계를 유지하는 데 필요한 형식이나 절차가 정해졌다. 호칭은 전근대 사회에서 예법을 실천하는 데 있어 굉장히 중요한 표식이 되었던 것이다. 나이에 따른 확고한 서열 정렬, 이름을 직접적으로 부르지 않는 우리 문화가 호칭의 발달을 가져온 셈이다.

하지만 요즘은 부르고 싶은대로 편하게 호칭을 하는 경우가 대부분이다. '엄마', '아빠' 등의 유아어를 어른이 되어서도 사용하고 있다. 물론 어머니라는 호칭보다 엄마가 정겹게 들리고, 아빠라고 불러야 거리감이 좁혀지는 느낌이 들기도 한다. 하지만 이 호칭은 아이 때까지만 쓰고 어른이 된 후에는 '아버지', '어머니'라고 불러야 한다. 결혼한 여성이 시아버지와 시어머니께 '시아빠', '시엄마'라고 호칭하기도 하는데, 고부간의 갈등을 없애거나 친딸과 친부모처럼 지내고자 하는 마음으로 부르는 호칭이라 해도 그것은 옳지 않다. 또한 사위도 장인, 장모를 '아버지', '어머니'라고 부르기도 한다. 호칭에 숨어 있는 남녀차별적 요소를 없애기 위해서라도 두루 쓰자는 뜻이 담겨 있을 것이다. 하지만 우리가 알아야 할 호칭들을 정확히 알고 다른 사람에게 무례를 범하는 일이 없어야 할 것이다.

호칭 파괴를 보여주는 예는 무수히 많다. 한 번은 백화점에서 아기 용품을 고르던 젊은 부부를 보았는데, 젊은 여자가 아기를 안고 있는 젊은 남자에게 '아빠'라고 호칭하며 "이 옷 어때?"라고 물었다. 남편을 아빠라고 부르다니……. 젊은 남자는 아무렇지 않다는 듯 고개까지

끄덕였지만 옆에서 듣기에 참 민망하고 불편한 호칭이었다. 젊은 남자의 품에 안겨 있던 아기가 말을 배우기 시작하면 아빠라고 부를 텐데 그때도 아기엄마는 남편에게 아빠라고 부를 건지 묻고 싶었다.

이와 비슷한 예는 쉽게 볼 수 있다. 중년 여성이 훨씬 연배가 적은 식당 종사원이나 판매원에게 언니라고 부르는 경우이다. 언니라는 말이 친족 관계를 넘어서서 여성들 사이에서 나이에 따른 존칭으로 굳어진 지 오래지만, 연배가 적은 사람에게 언니라는 호칭을 쓰는 건 어색하기 이를 데 없다. 친근감을 표시하기 위한 것이라 하더라도 지나친 표현은 삼가는 것이 좋을 것이다.

식당에는 나와 피한방울 섞이지 않는 생면부지의 이모들이 전국에 계신다. 젊은 사람들은 식당에서 이모라고 부르며 친근하게 다가가고 이모라고 부르지 않으면 상대방이 오히려 섭섭해할 지경이다. 외국인들도 한국에 오면 이모라고 부르는 것이 에티켓인 것처럼 여긴다. 우리 문화가 만들어낸 독특한 진풍경 중 하나이다.

생각해보면 호칭 파괴는 이미 70년대부터 시작되었는지도 모른다. TV를 통해 탄생한 수많은 스타오빠들을 우린 보아왔고 지금도 보고 있다. 나 역시 딸 덕분에 한 가족처럼 여기는 아이돌이 몇 있다. 오빠라는 단어는 'oppa'로 번역되어 국적을 초월하여 두루 쓰이는 호칭이 되었다. 외국인들이 우리 가수들을 오빠라고 부르고 쓰는 것을 보면 오빠가 우리 집 담을 넘어 전 세계로 뻗어나가며 호칭을 파괴하는 대표주자가 된 셈이다.

요즘은 핵가족화가 진행되면서 아이를 많이 낳지 않다 보니 가족과 친척들 사이에 호칭을 모르는 경우가 대부분이다. 호칭을 알아도 부를 대상이 없다. 언니, 오빠, 누나, 형, 나아가 이모, 고모, 외삼촌이 없는 가족들이 점차 생겨나고 있는 게 현실이다. 그렇기에 더욱 호칭을 바로 알고 사용해야 가족 간에 예의를 지키고 예절을 실천할 수 있다. 더군다나 아이들은 존댓말과 호칭을 배우면서 기본적으로 어른을 공경하는 마음을 가지게 된다. 언어를 중심으로 한 예절교육은 언어교육이자 마음교육이기도 한 중요한 인성교육 중 하나이다.

# 5

## 공공예절

개인 간에 지켜야 할 예절 못지않게 공공예절이 더 중요해지고 있다. 불특정다수를 향한 기본 예절은 반드시 지켜야 하는 규범과도 같다. 공공예절은 남을 위한 것이 아니라, 결국 나에게로 돌아오는 사회생활의 기본 법칙과도 같다. 법은 최소한의 예절을 규정하여 공식화한 것이라는 말이 있다. 초록불에 횡단보도를 건너는 것, 물건 구입 후 돈을 지불하는 것, 사람을 때리지 않는 것 등도 예절의 범위에 속하는데, 법으로 규정되어 있어 우리와 멀게 느껴지는 것이다. 공공예절은 사회질서 유지라는 큰 명제 아래 실천되어야 할 덕목이기도 하지만 내 자리를 편하게 하는 최소한의 상식이다.

## 1. 공동생활 속 예절 지키기

현대인들에게 공동생활이 이루어지는 공간이 점점 많아지고 있다. 주된 주거공간인 아파트, 대중교통 수단인 버스와 지하철, 대형 쇼핑몰 등을 손꼽을 수 있다. 불특정다수가 모이는 이런 공간에서 예절은 더욱더 잘 지켜져야 한다.

특히 아파트는 밀집된 생활 공간이다. 무심코 나온 사소한 습관이 이웃 간에 분쟁의 요인이 되기도 하고, 화합의 단초가 되기도 하므로 서로를 배려하고 행동에 더욱 조심해야 한다. 요즘은 이웃 간 화합을 위해 '엘리베이터에서 만나면 인사하기'와 같은 캠페인을 벌이는 아파트가 늘고 있다. 아파트 엘리베이터에서 만나는 아이들이 인사를 잘 하면 어른 입장에서는 그 아이가 예뻐 보이고 예의범절이 바르다고 생각하게 된다.

하지만 인사는 어른들이 먼저 본을 보여야지 아이들에게 강요해서는 안 된다. 어른들이 먼저 인사하고 반갑게 받아주는 분위기가 만들어져야 캠페인이 공허한 문구로 그치지 않고 아이들도 자연스레 그 분위기에 젖게 된다. 그리고 그 분위기가 학교와 사회로 번져나가면 인사하라고 따로 교육하지 않아도 자연스러 배어 나오게 될 것이다.

먼저 인사하기 같은 분위기 조성과는 별개로 요즘은 층간 소음 관련 민원이 급증하고 흡연 문제, 주차 문제 등으로 주민들끼리 충돌하는 예가 잦아지면서 관리사무실이 중재역할 전담기구가 되었다. 층

간소음으로 이웃 간에 불화하는 것을 넘어서 살인사건으로 비화되면서 이는 심각한 사회문제로 대두되었다. 충간소음관리위원회가 만들어져 공권력으로 해결하려는 움직임도 있지만, 그에 앞서 서로 예의를 잃지 않는 문화가 먼저 정착되어야 할 것이다. 아랫집이나 옆집이 소음으로 인한 고통을 호소할 때는 진심으로 공감하고 해결하려 노력해야 한다. 그런 마음이 바로 예의이다.

지하철이나 버스 등 대중교통을 이용할 때는 지켜야 할 예절과 관련하여 안전에 중점을 두고 생각해야 한다. 노약자석, 임신부석이 있는 이유는 그들의 이동권을 확보하고, 안전한 이동을 보장하고자 함이다. 이 자리들을 비워두느냐 마느냐 하는 문제는 의무나 강제조항은 아니다. 하지만 약자를 배려하는 시민들의 성숙한 태도 속에 사람에 대한 예의가 있다는 것을 잊지 말아야 할 것이다.


## 2. 네티즌이 지켜야 할 네티켓

순화어로 누리꾼, 영어로 네티즌은 그물처럼 얽힌 망을 뜻하는 네트워크network와 시민citizen의 합성어이다. 그물처럼 촘촘한 인터넷망 안에서 생활하는 시민이라는 뜻으로, 현대인들일 일컫는 또 다른 말이라 해도 무방할 정도로 보편화된 단어이며, 현대인들의 일상을 잘 표현한 단어이다. 시민으로서 누려야 할 권리와 지켜야 할 의무, 예절이 있듯이 네티즌으로서 지켜야 할 예절도 있다. 이 예절을 네티켓이라고 하는데, 네트워크network와 에티켓etiquette의 합성어로 네티즌이 네트워크상에서 상호 간에 지켜야 할 예절을 말한다. 우리나라에서는 2000년 6월 15일 정보통신윤리위원회가 사이버 공간에서 지켜야 할 상식적인 행동들을 규정한 '네티즌 윤리강령'을 선포하였다. 이 강령에는 실명 사용을 비롯하여 욕설 금지, 사생활 존중, 불건전한 정보 배격 등의 내용이 담겨 있다. 그만큼 온라인상에서 지켜야 할 예절이 중요해졌다는 의미일 것이다.

네티켓은 근거 없는 악성댓글을 달지 않겠다는 생각과 마음에서 시작된다. 얼굴이 보이지 않고 익명성이 보장된다고 하여 함부로 말하는 것은 저급한 행위이다. 예의나 예절은 남의 눈이 미치지 않는 곳에서 완성되며, 오로지 나의 도덕성과 비례하여 나타난다. 악성댓글로 인해 유명인들이 목숨을 끊어 사회적으로 큰 파장을 일으켰으며, 온라인상의 다툼이 현피라고 불리우는 실제 싸움으로 번져 살인을 일으키기도 하였다. 악성댓글 피해자들은 오랜 기간 트라우마에 시달리고 있다.

악성댓글과 더불어 지켜야 할 중요한 네티켓으로 저작권 지키기가 있다. 이는 다른 사람의 창작물을 존중하는 행위이며 중요한 예절이다. 다른 사람의 글이나 사진을 내가 사용하고자 할 때 그에 걸맞는 예의를 지키고 절차를 거쳐야 한다.

온라인을 기반으로 하는 커뮤니티에서도 그들만의 독특한 예절문화가 자리잡고 있음을 알 수 있다. 글을 쓸 때 회원들 간에 통용되는 존중의 언어, 공감의 언어 등을 통해 서로 애정과 존경을 드러내면 즐겁게 커뮤니티 생활을 할 수 있다. 온라인의 예절은 오프라인으로도 이어지고 회원들 사이를 더욱 돈독하게 만들어 준다.


### 3. 편견 없는 글로벌 에티켓

세상이 복잡해지고 외국인들이 많이 살게 되면서 우리는 낯설고 새로운 문화와 접촉할 일이 많아졌다. 그에 따라 외국의 문화를 인정하고 편견 없이 받아들이는 자세가 필요해졌다. 하지만 아직 준비가 덜된 듯하다. 한 예로 이슬람교도들은 돼지고기를 먹지 않는다. 그럼에도 불구하고 직장 회식자리에서 그들에게 삼겹살을 굽고 먹어보기를 강권하는 사례가 빈번하다. 로마에서는 로마법을 따라야 하고, 이렇게 해야 사회생활을 잘하는 것이라고 그들에게 말하기도 한다. 외국인 노동자들에 대한 편견은 여전해서 부당대우는 물론이고 이들에게 위협을 가하기도 한다. 일련의 행위들은 예절이 없다는 말로 넘어가는 것이 아니라 우리의 문화 수준을 보여주는 일례로 회자되고 있다. 이와 반대로 외국인들에 대한 호기심이 지나쳐 지하철에서 그들의 핸드폰을 어깨 너머로 들여다보기도 하는 등 어이없는 일들이 아직도 비일비재하다.

외국인에 대한 편견의 시선이 걷히지 않는 문화 속에서는 글로벌 리더가 자라날 수 없다. 인종, 성별, 출신 국가에 따른 편견과 차별 없이 그들을 바라보는 것이 함께 살아가는 자세의 첫걸음이고 예의이다. 요즘은 성 정체성 문제를 두고 새로운 차별 논란이 일고 있다. 우리 아이들이 성 정체성에 대한 편견을 학습한 채 외국에서 생활한다면, 그 아이는 절대 성공할 수 없을 것이다. 예절은 타인을 있는 그대로 받아들이고 인정하는 것에서 비롯된다. 이런 열린 마음이 우선되어야 내가 대접받을 수 있고 함께 성장해 나갈 수 있다.

# 6

## 새 시대의 예절

시대가 바뀌면 예법도 바뀐다. 예의가 예절의 옷을 입고 발현된다면, 옷은 환경에 따라 사람에 따라 또 시대에 따라 바뀔 필요가 있고 바뀌어야 한다. 그래야 예절에 사람이 구속되지 않는다.

일례로 제사나 차례를 들어보자. 예전에 제사는 집 안에서 가장 중요하게 여기던 행사였다. 준비하는 제수도 까다롭고 의관을 제대로 갖추어야 했으며 명문화된 절차에 따라 제를 올렸다. 하지만 이제는 제사상에 올리는 음식도 격에 매이지 않고 선친이 좋아하시는 음식으로 올리고 생전에 술 대신 커피를 좋아하셨다 하여 커피를 올리기도 한다. 이를 두고 예법에 벗어났다 하여 갑론을박이 있었지만, 오히려 성균관에서 전통에 과하게 매이지 말라는 해법을 제시하였다.

관혼상제는 인간의 삶과 함께 하는 예법이다. 이 예법에 올가미를 씌우면 결국 우리들이 그 올가미에 갇히게 된다. 따라서 폭넓게 해석하고 지금의 현실에 맞게 절차를 수정해 나갈 필요가 있다. 그런다고 해서 예법에 어긋나는 것은 아닐 것이다. 예절을 만들어가는 사람도, 그 절차를 지키는 사람도 살아 있는 현대의 우리이기 때문이다.

예절은 사람이 살아가면서 학문적 지식보다 먼저 익혀야 하는 덕목이고 참된 사람으로 살아가기 위해 요구되는 기본 성품이다. 세상에 존재하는 모든 것들에 대한 예의는 인간이라면 마땅히 실천해야 할 삶의 과제이자 기쁨이다.

■ 참고문헌

· 《유아사회교육》, 박상희 · 주영애, 양서원, 2001
· 《대학생을 위한 인성예절교육》, 유민임, 2013

# 6장

# 존중의
# 가치와 미덕

강경원

# 1

## 존중의 가치
## - 새 시대의 존중 패러다임

정보통신 기술의 발달은 디지털화된 사고체계, IT가 지배하는 일상을 가능하게 했으며 나아가 인공지능AI과의 결합은 인간의 생각을 예측하고 앞서 실천하는 환상적인 신세계를 눈앞에 보여주고 있다. 또한 다양한 SNS 플랫폼들은 서로의 생각과 삶을 나누라며 레드카펫을 깔아 놓았다. 그 위에서 우리는 전 세계의 또 다른 나와 지역과 인종을 뛰어넘어 교류하고 소통하며 행복한 듯 보인다. 하지만 역설적이게도 이전과는 확연히 다른 공유가치, 생활방식이 드리운 그늘은 넓고도 짙어서 인간은 오히려 더 외로워지고 심지어 디지털 플랫폼, 디지털 가치로부터 소외되기도 한다.

"더불어 살아가는 세상, 함께 손 잡고 나아가자"는 말이 공허한 꼬드김이나 빈말로 가득한 공익 캠페인이 되지 않으려면, 새로운 가치와 패러다임이 정립되고 일상 속에서 실현되어야 한다. 너와 내가 다르다는 사실을 인정하고 각자의 고유한 성정, 독특한 개성은 존중받아야 한다. 그 존중 속에서 타인에 대한 올바른 배려가 자리할 수 있고, 참된 교류와 소통이 가능해진다.

21세기는 인간이 먼저인 시대, 인간 존중이 일상적으로 실천되는 시대가 되어야 한다. 새로운 의미와 언어로써 존중의 가치는 어느 때보다 절실해지고 있다. 존중이라는 큰 틀 위에서 세상을 해석하고, 인간의 가치를 재조명할 수 있는 패러다임을 함께 나누고 얘기해야 한다. 경제 패러다임, 공교육 패러다임 등 각 분야에서 사회를 해석하는 틀을 새롭게 제시하고 있다. 인간이 중심되는 '인간 존중 패러다임' 역시 새로워져야 하고 더 두터워져야 한다.

유행어처럼 번져가 어느덧 일상어가 된 소통과 배려의 바탕에는 인간 존중이라는 철학이 있다. 간혹 소통과 배려라는 가치에 피로감을 느끼고 외면하려는 사람들이 있다. 이는 든든한 존중에 바탕하지 않은 채 표면적인 행동과 실천에만 방점을 찍은 채 강요를 했기 때문일 것이다. 이 가치들을 우리는 어떻게 받아들이고 있는지 다시 돌아볼 때가 되었다. 그 돌아봄, 성찰의 중심에는 인간 존중이 있다. 존중의 철학은 나라는 거대한 우주에서 시작하며, '나'라는 우주에서는 인간 존중이라는 큰 나무가 자라고 있다. 그 나무를 키우는 뿌리는 바로 자존감이다. 이 뿌리가 튼튼해야만 상호 공감을 통한 존중감 표현이라는 달고 보기 좋은 열매를 맺게 된다.

인간 존중이라는 나무는 각각 땅에 튼튼하게 뿌리박은 채 꽃 피우고 열매 맺는다. 자아존중감은 실뿌리 끝까지 스며들어 있는 자양분이며 잎을 윤기있게 가꾸어 주고, 열매를 크고 달게 만들어주는 근원이다. 그리고 나의 존중나무와 타인의 존중나무를 더 크게 키우는 햇살과 바람, 비는 상호 공감이다. 상호 공감은 더불어 살아가는 세상에서 핵심가치가 되고 있다. 이 공감은 듣기와 말하기라는 언어적 표현과 몸짓 등과 같은 비언어적 표현으로 구현되며, 생활 속에서 습관이 되어 자연스럽게 표현될 수 있어야 한다. 홀로 우뚝 솟아 햇살을 받고 바람길을 막는 나무 밑에는 성근 잡목만 우거질 뿐이다. 존중나무를 가꾸려면 사람이 우선하는 사회, 인간 존중의 삶이 일상의 가치가 되어야 한다.

이제까지 자본이 인간가치를 압도하는 시대, 신자유주의가 무한경쟁을 부추기고 1등만 살아남을 수 있다며 승자독식의 화려한 비전을 강요하고 등을 떠밀었다. 우리들은 낙수효과라는 비인간적인 가치 앞에서 한 모금의 낙수물을 얻기 위해 인간가치를 저버린 채 끊임없이 경쟁했다. 이제는 낡은 가치를 버려야 한다. 인간 존중의 가치, 생명의 가치를 좇아 살아가야 한다.

생명을 가진 것은 모두 그럴 터이지만, 인간은 한마디로 정의할 수 없는 신비한 존재이다. 우리가 인간으로 태어나 이 땅에서 함께 살아간다는 사실 자체가 기적이 아닌가 할 만큼 존재 자체가 감동을 준다. 사람에게는 타고난 저마다의 고유한 결이 있다. 그 무수한 결은 섬세하기 이를 데 없으며, 사그러들듯 부드럽지만 놀랄 만큼 강인하고, 그래서 형용할 수 없게 아름답다. 그 아름다움이 훼손되지 않는 존중의 패러다임을 우리 삶에 정착시켜야 한다. 그 패러다임의 주인은 바로 '나', 본연 그대로의 편견 없는 '나'가 되어야 한다.

존중은 우리가 보고 느낄 수 있는 감정이다. 마음 속 죽어있는 감정이 아니라, 내 일상을 빼곡하게 채워주는 살아 있는 감정이다. 그 감정에 충실하며 나 자신으로 돌아가야 한다. 그 회귀의 여행길이 부디 즐거울 수 있기를 바란다.

# 2

## 존중의 뿌리
## - 자아존중감

자아존중감self-esteem이란 자신을 소중하며 가치있는 존재이고 일정한 부분에서 성과를 낼 수 있는 사람이라고 생각하는 감정의 총체이다. 사회의 평가를 자신의 가치평가 근거 기준으로 삼지 않으며 타인의 시선에 자의식이 억눌리지 않는 성숙한 태도를 말한다. 자아존중감, 즉 자존감은 인간 존중의 출발점이며 핵심감정이자 세상과 사람을 대하는 태도로 집약된다고 할 수 있다.

자존감은 수치로 측정되는 물리적 실체가 아니며, 항상 같은 수위를 유지하는 심리상태는 더더욱 아니다. 자존감이 낮았던 사람이 어떤 계기로 인해 자존감이 높아지기도 하고 그 반대의 경우가 생기기도 한다. 어려운 시기를 겪으면서 자존감이 바닥으로 곤두박질쳤다고 느껴질지라도 이를 극복하고 감정에 매몰되지 않는 힘의 원천은 자존감이다.

자아존중감은 개인의 감정상태를 일컫으므로 개인의 영역이라 생각되었지만, 이제는 개인을 넘어 공동체가 지향하는 가치가 각 개인의 자존감과 어떻게 상호교섭하는지에 대해 생각해 봐야 한다. 개인이 모인 공동체의 집단 자존감이 높은지, 낮은지에 따라 구성원들의 자존감 형성은 달라진다. 이는 개인의 영역을 넘어 약자 배려와 같은 사회적 함의가 필요한 영역과 밀접한 관련을 맺는다. 사회구조와 법제정 등 구조 개선과 더불어 집단 심리, 집단 자존감에 대한 고찰 역시 중요하다.

마음의 감기라고 부르는 우울증으로 인한 사건 사고가 점점 늘어나고 있고, 이를 부추기는 듯 양극화의 그늘은 짙어지고 있다. 자아존중감은 스트레스와 우울을 이겨내는 데 아주 중요한 매개요인이 된다. 심리학자들은 "자아존중감이 인간 행동의 중요한 기본 동기이고 정신 건강 및 적응과 밀접한 관계가 있기 때문"[1]이며 전 생애에 걸쳐 한 사람의 정신건강을 지배하는 주요 감정이라고 말한다.

## 1. 내 안의 자아존중감 회복하기

---

[1] 〈가족 변인 및 심리적 변인이 학업 성취에 미치는 영향: 구시가지와 신시가지의 중학생 비교〉, 건국대학교 교육대학원, 전인숙, 2005. 석사학위 논문.

사람은 누구나 자기 자신에 대해 긍정과 부정이라는 두 가지 감정을 지니고 있다. 어떤날은 거울을 보면서 '나 좀 괜찮은데!'라는 무한 긍정이 감정이 솟기도 하고, 하는 일이 잘 되어 성과가 눈에 보이면 '난 충분히 자격이 있어!'라는 생각에 우쭐대기도 한다. 하지만 어떤 때는 '나는 왜 이모양으로 비루한 거지?'라는 비탄의 감정에 젖어 '이번 생은 망했다'며 자기비하에 빠지기도 한다.

학업 성적의 저하나 삐걱대는 주변인들과의 관계, 저조한 성과 등 변화하는 외부 조건에 매몰되지 않고 평정심을 갖는 것은 매우 중요하다. 평정심은 감정을 빠르게 회복해 나가는 회복탄력성이 높을수록 잘 유지된다. 회복탄력성resilience이란, 감정과 충동을 적절하게 통제할 수 있는 자기조절과 절제와 극복의 감정이며, 시련이나 고된 역경을 오히려 새로운 기회로 삼아 높이 도약할 수 있는 마음의 힘을 말한다. 공을 바닥에 던졌을 때 낙차가 크면 클수록 이전보다 높이 튀어오르듯이, 우리의 감정 또한 마찬가지다. 회복탄력성이 높으면 높을수록 심리적, 물리적 장애물을 넘어 튀어오르려는 힘이 강하게 작용한다. 회복탄력성은 자기 긍정의 감정에서 나오며 이는 자존감이 다치지 않은 채 얼마나 잘 유지되고 있는가에 달라진다.

자존감은 특히 실패의 경험 앞에서 좌절할 때 더 이상의 절망을 허락하지 않는 심리적 방어기제가 되기도 하며, 실패를 딛고 한 발 더 나아가게 하는 추진력이 되기도 한다. 이럴 때 힘을 얻기 위해서는 좌절과 절망, 실패를 있는 그대로 받아들여야 한다. 비관적인 감정에 충실하고 뭐가 어디서 어떻게 잘못되었는지 돌아보아야 한다. 성찰의 시간을 갖다 보면, 자신이 어떤 부분에서 유난히 움츠러 들었는지, 또는 어떤 부분에서 과감하고 즐겁게 임했는지를 알게 된다.

이는 스스로를 파악하는 중요한 단서가 된다. 내가 나를 알아야만 왜 성공했는지, 왜 실패했는지, 내가 정말로 원하는 것이 무엇인지를 알게 된다. 대부분의 경우, 이런 성찰의 시간을 쓸데없는 시간 낭비로 치부하는데, 이는 적절치 못하다. 내가 나를 들여다보는 시간도 없이 어떻게 일상이 평온하기를 바라겠는가. 내가 나 스스로와 친하게 지낼 수 있어야 한다. 그래야만 잘못하는 것이 있으면 용서할 수 있고, 잘하는 것이 있으면 격려할 수 있기 때문이다.

다른 사람에게서 듣는 칭찬의 말 못지 않게 자기 자신이 느끼는 성취감은 정말로 중요하다. 자긍심을 높이기 위해서는 '내가 그렇지 뭐, 뭘 바라겠어'라는 내 안의 부정적인 목소리에 자아비판을 멈추어야 한다. 이런 부정적 감정을 극복하고 나면 이를 긍정적 에너지로 바꿀 수 있다. 자존감이 높은 사람은 이 과정이 비교적 수월하지만 그렇지 못하면 부정적인감정 극복에 대부분의 시간과 에너지를 써버려 다시 올라올 기운을 빼앗기기도 한다.

자아존중감은 나 스스로를 사랑하는 지극한 마음에서 비롯된다. 지금 비록 서 있는 곳이 앞을 분간할 수 없을 만큼 짙은 안개 속이고 진흙뻘에 발이 빠져 전진할 수 없다 하더라도, 잃어버리면 안되는 가장 중요한 한 가지는 바로 자기 자신이다. 이때 자기 자신을 비하하지 말아야 한다. 안개는 바람이 불면 걷히기 마련이고, 진흙뻘은 물이 들어오면 밖으로 빠져나갈 수가 있다. 내가 부여받은 생명은 그 어떤 가치로도 훼손될 수 없는 권력이자 최상의 가치이며, 나를 사랑하고 아끼는 자아존중감은 그 생명을 더욱 값지게 만드는 뿌리이다. 자기 긍정의 감정, 스스로에 대한 정직하고 솔직한 긍정 평가와 같은 가치들은 우리가 일생을 살아가게 해주는 힘의 원천이자 근원이며 생명을 다하는 그날까지 결코 놓아서는 안 되는 나의 자아이다.

## 2. 공동체의 자아존중감 들여다보기

1인 가구 급증에 따른 새로운 문화 현상들이 트렌드로 자리를 잡아가고 있다. 혼합, 혼술, 혼행 등 지금까지 누군가와 함께 하는 것이 마땅하다고 여겼던 활동들을 혼자하는 것이 전혀 어색하지 않을 뿐 아니라 오히려 편하게 받아들이고 있다. 불과 십여 년 전만 해도 식당에서 혼자 밥이라도 먹으려면 괜히 쭈뼛거려지고 주변의 시선이 부담스러웠다. 쇼핑, 공연 관람 등의 문화활동도 혼자 즐기는 것이 어색하게 느껴졌다.

이제는 혼자서 밥을 먹고 영화를 보며, 혼자 사는 집에 들어와 혼자 잠자리에 드는 일상이 자연스러운 삶의 한 부분으로 인식되고 있다. 나아가 '욜로', '탕진잼' 같은 단어들이 등장하면서 혼자 사는 삶에 사회적 가치를 부여하고 의미를 해석하기도 한다. 또한 혼족들의 소비 활동을 통한 이윤창출 효과가 입증되면서 이들을 겨냥한 각종 상품 들이 쏟아져 나오는 것을 보면, 나 홀로 문화는 새로운 패러다임으로 설명하고 해석해야 하는 시대철학이 되었다.

일부에서는 이 '나 홀로' 문화가 염려스럽다는 얘기를 하기도 한다. 타인과의 소통 단절, 극단적 개인주의 조장 등 부작용으로 꼽을 만한 사항들을 나열하며 사회적으로 대책을 세워야 한다고 말하기도 한 다. 하지만 나 홀로 문화는 어떻게 보면 사회 구성원들이 나름대로 건강한 삶을 추구하기 위한 방편으로 등장한 것이라는 생각도 든다. 돈을 아끼기 위한 고육지책으로 설명할 현상만은 아니라는 것이다. 오히려 자신의 욕구에 충실하고, 나와 남이 다르다는 사실을 흔쾌히 인정하는 성숙한 철학이 자리잡아 간다고 본다. '나 홀로' 문화를 즐 긴다고 해서 사회에서 고립된 사람들은 아니기 때문이다.

이들은 오히려 건강한 공동체 구성원으로서 자기 역할을 충실하게 해내려는 시도들을 하고 있다. 뜻이 맞는 사람들이 모여 협동조합을 만들기도 하고, 퇴근 후 취미 동아리를 통해 구성원들과 활발하게 소 통하며 자신이 속한 지역 사회에서 일정 역할을 해내려고 하기 때문 이다. 한 분야에 파고들어 사회와의 연결 고리를 끊는 오타쿠들이 없 진 않겠지만, 이 오타쿠라는 일본어가 우리 사회에 들어오면서 긍정 의 개념을 입은 오덕, 덕질로 변화하면서 다양한 개성의 표현, 소수 의 취미와 놀이가 더 이상 기행으로 비치지 않는 정도에 이르렀다.

이런 변화의 이면에는 남의 시선에 맞춘 체면을 버리고 실속을 찾으려는 심리의 변화, 남에게 의존하지 않으려는 건강한 주체성 등이 맞물려 있다. 또한 사회적으로 공통된 이슈가 등장했을 때, 이들은 오히려 적극적으로 이슈 제작과 재생산에 개입하여 여론을 끌고 가는 한 축이 되기도 한다. 자신의 상황을 솔직하게 인정하고 건강하게 반응하며 남의 시선 따위 신경쓰지 않고 욕망에 충실한 상태는 자존감의 충만에서 기인한다고 봐도 무방할 것이다. 낮은 자존감은 오히려 사회의 기준에 끌려갈 뿐 기준을 제시하지는 못하기 때문이다.

공동체의 자존감 척도는 약자와 소수자에 대한 시선, 배려에 있다. 자존감이 낮은 사람은 약자를 밟고 일어서려고 하지만 자존감이 높은 사람은 약자의 자리를 결코 탐하지 않는다. 또한 성 정체성, 인종, 나이, 빈부에 따른 차별을 당연한 가치로 여기기 않는다. 서로 다른 생명체, 존재라는 사실을 받아들이지 못하는 공동체는 자멸할 수밖에 없다. 이 공동체 의식을 이끄는 것은 구성원들의 자존감에 기인한 가치 지향점에 있다. 구성원들의 자존감이 높은 공동체는 경쟁보다는 협의를 지향하며 다수를 위한 이익 못지 않게 소수자의 이익을 보장한다. 자본의 그늘인 빈부 격차를 없앨 수 없다면, 격차의 그늘로 밀려나 소외당하는 이웃을 위한 정책에 기꺼이 손을 든다.

내가 공동체에 의해, 국가에 의해 보호받고 있다는 사실을 일상에서 알아차릴 수 있는건 장애인용 경사로라든가, 점자 블록 등 주로 육체적 약자를 위한 시설을 볼 때이다. 하지만 이런 시설은 당장 나와는 상관이 없는 듯 느껴질 수도 있지만, 약자를 위한 시설이 당연한 것으로 받아들여지기까지는 많은 시간이 걸린다. 정책과 예산이 뒷받침되어야 하고 구성원들이 이에 대해 동의해야 한다.

그리고 이런 과정들이 육체적 약자만이 아니라, 사회 구성원들이 필요로 하는 부분에 촘촘하게 스며들어야 한다. 눈에 보이는 지원 뿐 아니라, 눈에 보이지 않는 지원들이 이루어지고 있다는 사실은 구성원들을 안심하게 한다. 내가 지금보다 더 나락으로 떨어지더라도 공동체가 나를 지지해주는 힘이 될 수 있다는 사실을 안다면, 구성원들의 자아존중감이 떨어지더라고 회복하는 데 그리 오래 걸리지 않을 것이다.

건강한 공동체는 구성원들의 자존감이 지켜질 수 있도록 울타리가 되어 준다. 이 울타리가 구성원을 지키고, 그 구성원은 공동체를 지키는 선순환 구조의 토대는 제도만으로 해결되지 않는 인간 심리 밑바닥에 자리한 인간 존중의 가치, 자아존중감에서 비롯된다는 사실을 잊어서는 안 될 것이다.

# 3

## 존중 열매 - 표현

무심한 듯 툭 던지는 감사와 사랑의 감정 표현에 가슴 설레었던 기억이 있는가. 설레이고 기억에 남는 이유는 평소에 무뚝뚝하던 사람이 자기 감정을 표현했기 때문이다. 화를 내는 경우도 다르지 않다. 도무지 감정을 표현하지 않던 사람이 화를 내는 경우, 주위 사람이 더 긴장한다. 위의 두 경우, 좋은 감정이든 아니든 감정 표현을 일상적으로 하지 않았기 때문이다. "난 감정 표현 같은건 못한다"고 손사래를 치는 사람들도 있는데, 이는 감정 표현 방법에 대해 훈련받은 적이 없었기 때문이 아닐까.

존중은 상호 공감 속에서 열매를 맺는 달디단 과실이다. 상호 공감은 서로 나누고 느껴야 의미가 생긴다. 표현이 미덕이 되는 문화로 점차 변해가고 있지만, 우리는 대체로 감정 표현에 익숙하지 않고 민망해한다. 특히 남자의 경우, 자기 감정을 드러내는 것을 과묵하지 못하다며 경계하는데 이렇게 묵은 감정들은 찌꺼기가 되어 마음에 쌓이고 빛이 바래버린다. 그렇다면 존중하는 마음을 어떻게 표현할 수 있을까? 감사의 말, 사랑의 말과 같은 언어적 표현도 있고, 스킨십을 통한 비언어적 표현 또한 중요한 감정 전달 수단이 된다. 나 자신을 향한 존중의 표현, 서로에게 건네는 존중의 표현이 녹슬지 않도록 일상 속에서 꾸준히 실천해 나가면서 습관처럼 몸과 마음에 스며들 수 있도록 해야 한다.

## 1. 대화를 통한 존중 표현 - 듣기와 말하기

대화에서는 말하는 사람보다 듣는 사람이 잘 들어야 한다는 말이 있다. 아무리 좋은 뜻으로 말해도 듣는 사람이 불쾌해하거나 엉뚱한 뜻으로 확대 해석한다면 차라리 말을 안 하는 편이 낫다는 뜻이리라. 경청은 상대방에 대한 이해를 깊게 만드는 징검다리이다. 하지만 단순히 잘 들어준다고 해서 상대와 매끄럽게 소통할 수 있는 것은 아니다. 대화에는 상대방의 마음을 움직이고 열어주는 적절한 기술들이 필요하다.

먼저 적절하게 반응하며 들어야 한다. 무표정한 얼굴로 반응 없이 상대방을 응시하는 것은 경청이 아니다. 내 말이 이상하거나 우습게 들리는 건지, 상대방을 당황하게 한 것은 아닌지 하는 선부른 염려가 생기면서 입을 다물어 버릴지도 모른다. 상대방에 대한 존중의 표현은 현재 마음 상태, 생각이 어떠한지 알아가려는 태도를 통해 보여진다. 대화 도중에 궁금한 점은 질문하고 상대방이 답하게 하라. 상대방은 적절한 답을 찾으면서 감정 상태와 생각을 정리할 수 있다. 해소되지 않았던 감정이 있다면 대화를 통해 서서히 풀어지면서 마음이 열리게 될 것이다. 설혹 대화를 통해 해결책을 찾지는 못하더라도 공감했던 감정, 나를 알아주었던 감정은 그대로 남는다. 그 감정을 통해 존중받았다는 사실을 느끼게 된다.

상대방의 말이나 감정에 솔직하게 반응하며 적극적으로 나서 대화를 주도하는 자세 또한 중요하다. 대화를 주도해 나가면서 상대방이 당면한 문제에 대해 더 생각하게 만들고 해답을 찾아가는 과정에 함께해야 한다. 명료하고 분명한 대응방식과 부드러운 주도형 대화를 통해 자기 자신을 돌아보는 시간을 갖게 되는 것이다.

또한 유머를 적극 활용하여 분위기를 누그러뜨리거나 유쾌하게 만들 수 있다. 유머를 상대방을 놀리거나 비하하는 데 사용해서는 절대 안 된다. 유머의 출발은 자신의 감정에 정직하게 반응하는 순발력과 상황을 꿰뚫는 날카로운 통찰력이다. 함께 있는 사람들이 기분 나빠 하지 않고 와르르 웃을 수 있는 감정의 폭발점이 유머인 것이다. 특히 나쁜 상황을 극복해야 할 때 유머는 약이 된다. 시간이 지난다고 저절로 잊혀지는 상처는 없다. 그냥 두면 내 안에 생채기를 내고, 급기야 내 자존감을 허물어 버린다. 문제에 골몰하면 유머가 들어설 자리가 없다. 정서적으로 지쳐 있거나 의기소침해 있을 때, 유머는 상황을 반전시키는 데 절대적으로 필요한 덕목이며, 상호 공감대가 형성되었다는 것을 증명해주는 강력한 신호이다. 유머와 웃음은 공감대 안에서 만들어지는 존중의 다른 이름이기도 하다. 웃음을 넣어두지 말고 꺼내서 보여주고, 효율적으로 활용할 줄 아는 감각이 필요하다.

## 2. 상호 공감을 통한 존중 표현 – 비언어적 표현

의사소통을 통한 상호 공감과 교류는 상대방과 나눌 수 있는 강력한 존중의 표현이다. 대화를 들여다보면 말을 통해 실질적으로 이루어지는 소통방식보다 눈 마주침, 몸짓 등을 통한 비언어적 표현이 상대방의 마음을 움직이고 자극하는 것으로 알려져 있다.

여러 표현 중에서도 가장 중요한 것은 눈맞춤이다. 아이컨택을 통해 서로의 감정 상태를 알 수 있고 집중할 수 있다. 상대의 감정이나 상황을 존중한다는 것을 보여주고 싶을 때 살가운 스킨십을 아끼지 말고 듬뿍듬뿍 쓰라. 따뜻하게 스쳐가는 손길, 친절한 다독임, 가벼운 포옹 등은 백마디 말로 다 보여줄 수 없는 진한 감정을 전달할 수 있고, '넌 혼자가 아니야'라는 강력한 메시지를 전달할 수 있는 도구가 된다.

현대인들이 같은 취미를 공유할 수 있는 동아리 활동에 심취해 가는 이유는 나와 비슷한 뇌 발달 단계에 선 사람들과 나누는 짜릿한 공감의 공기, 그 안에 밴 냄새와 분위기를 잊지 못하기 때문일 것이다. 그 공감을 증폭시키는 것은 미사여구도 아니고 비언어적 표현들이다. 굳이 동아리 활동이 아니라 가족 간에, 친구들 간에도 얼마든지 공감의 스킨십을 만들 수 있고 활용할 수 있다. 동양 문화권에서 타인과의 스킨십은 절제되어야 하고 최소한의 범위안에서 이루어져야 한다고 교육받았다. 하지만 사적 공간을 침범하지 않는 정중하면서도 상대를 움직일 수 있는 다정한 스킨십은 일상적으로 이루어져야 한다. 사람을 어루만진다는 것은 구겨진 마음을 펴주는 행위이며, 긴장을 내려놓고 다시 도약하게 해주는 힘을 주는 행위이다.

사람과 사람이 만나면 먼저 시선이 건너가며 길이 만들어진다. 그 길을 따라 마음이 오고가는 마음길이 열리고 마침내 몸과 몸이 부딪치며 큰 길이 만들어진다. 그 길의 시작은 나의 자존감, 상대를 존중하는 지극히 평온한 마음에서 시작된다.

## 3. 생활 속 존중 표현 – 존중 습관 가꾸기

내 안의 자존감이 자라는 경험, 상호 존중의 경험은 몸과 마음속으로 야금야금 스며들어와 마치 물결처럼 찰랑댄다. 이 물결이 만들어

내는 파동이 멈추지 않게 하려면 존중 습관이 일상에서 자연스럽게 실천되어야 한다. 내 습관으로 만들어 놓아야 하는 것이다. 하지 않으면 허전한 그 무엇이 되어야 비로소 일상에 변화가 생기기 시작할 것이다. 존중 경험은 마음과 몸을 열리게 하고, 가슴을 펴게 한다. 이 경험이 끊어진다면 나는 몸을 움츠리며 찌그러들 수도 있다. 잠재의식에 각인되어 있던 좋은 기억들이 스르르 빠져나가는데 몸이 꼿꼿할 순 없기 때문이다.

일상적인 존중 표현은 우선 나를 향한 표현에서 비롯될 수 있다. 하루하루 노력하며 애쓰는 나에게 하는 칭찬 한마디에서 시작해 가족의 수고를 위로하는 스킨십과 마음을 담은 말, 동료와 눈을 마주치며 우리는 잘 하고 있으니 안심하라는 메시지를 표현하기에 이르기까지 범위가 넓어지고 깊어질 수 있다. 생활 속 존중을 보여주는 것은 그야말로 사소한 일에도 반응하고 공감하는 과정의 연속이라고 할 수 있다. 이 과정은 저절로 되지 않는다. 관계에 공을 들이고 존중을 표현하기 위해 노력하고 감정을 드러내야 한다. 활발하게 감정이 교류되는 관계는 건강할 수밖에 없다. 항상 존중과 배려를 보이는 일상은 대화와 비언어적 표현들로 차곡차곡 쌓여갈 것이다.

# 4

## 존중 나무 가꾸기
## - 따로 또 같이

### 1. 사람이 우선하는 삶으로

새로운 시대는 자본이 가르치는 경쟁의 가치를 버리고 사람을 먼저 보아야 한다. 한 사람을 대체할 수 있는 것이 있는지, 한 사람의 일생이 지니는 무게는 어떠한지 생각해 보아야 한다. 사람은 혼자가 아니다. 그 사람이 속한 가족에서 시작한 단위는 우리 공동체의 일부를 이루고, 일부가 모여 공동체의 전부가 되며, 이는 뫼비우스띠처럼 되돌아와 우리 등 뒤에 배경으로 자리잡는다. 이 배경이 나를 비추는 빛이 될지, 내 고통을 받아주고 흡수해주는 쿠션이 될지는 우리의 선택에 달려 있다. 우리가 어떤 선택을 했는지 우리는 서로에게 배경이며 거울이다. 보이지 않는 실금에서 시작한 균열은 결국 거울을 와장

창 깨버리는 역할을 할 수도 있다. 거울이 깨지지 않기 위해 지켜야 할 가치는 사람 존중의 철학이다. 선택의 기로에서 그동안 우리 사회는 효율성과 다수의 이익을 판단의 근거로 삼아왔다. 하지만 효율은 소수자와 약자에겐 폭력으로 작용하였다. 효용을 위해 이들은 언제나 희생을 강요당해 왔다. 사회 구성원들에게 미움의 대상이 되었으며 결코 존중받을 수 없는 존재들이었다.

그러나 이제는 패러다임이 바뀌고 있다. 이들의 이익을 위한 다수의 각성과 실천이 요구되고 있다. 사람 존중의 철학은 보이지 않는 폭력이 어떤 부분에서 구성원 누구에게 행사되고 있는지를 살피는 근거가 될 수 있다. 일방적인 희생과 가치 강요가 어떻게 사회를 관통하고 있는지 분석할 수 있는 틀이 될 수도 있다. 또한 사람 존중의 철학을 통한 사회 성숙은 구성원들에게 무형의 자산이 된다. 존중의 경험치가 쌓일수록 그 사회는 건강하며, 사람 존중 철학에 반하는 사회 이슈에 대해 결코 침묵하지 않을 것이다.

## 2. 더불어 사는 삶으로

한때 '너나 잘 하세요'라는 말이 유행했던 적이 있었다. 이 말이 가진 당당함에 사람들은 열광하였다. 사회가 제시하는 획일적인 기준에 맞추려 하고, 다른 사람과의 비교에서 우위를 점하고자 하는 전 사회적 욕망에 일침을 날렸기 때문이다. 냉철하게 들리겠지만, 이 말은 현실에 제대로 부합하는 말이 되었고, '너나 잘 하세요'의 힘은 사회로까지 번져 나갔다. 각자도생의 냉엄한 현실을 헤쳐나가는 요즘 이 말이 유독 생각난다. 너나 나나 가진 것 없이 사는데 쓸데없는 오지랖 떨지 말고 네 코 밑이나 닦으라는 말일 것이다.

최근 이 말을 대체할 말이 새롭게 등장하여 유행하고 있다. '내가 알게 뭐야', '나만 아니면 되잖아'와 같은 이 말들은 '너나 잘 하세요'보다 더 지독한 무관심을 담고 있다. 옆사람에게 신경 쓰지 말고 나면 잘 나가면 된다는 승자독식 프레임을 그대로 반영하는 말이라는 생각이 든다.

아침 일곱 시에 시작해 저녁 열 시나 되어야 끝날까말까 하는 생존의 무대에서 무릎이 휘청일 때까지 뛰다 보면 옆을 돌아볼 기운이 남지를 않는다. 그렇더라도 우리는 옆 사람을 돌아봐야 한다. 죽고 죽이며 악착 같이 살아남아야 하는 서바이벌 판이 아니라, 서로가 서로를 존중하며 의지하고 나누는 평등의 마당으로 바꿀 노력을 게을리해서는 안 된다.

감사와 상호 존중과 상호 공감이 차별과 폭력을 대신하여 사회를 이끄는 핵심가치로 자리잡아야 우리는 미래를 꿈꿀 수 있다. 미래는 이미 당도해 있고, 현실은 이미 과거가 되어 버렸기 때문이다.

# 5

## 존중 나무의 꽃
## - 인권 존중

인권은 점점 우리 생활 깊숙이로 들어오고 있는 말 중 하나이다. 멀게만 느껴졌던 인권, 그 막연했던 의미가 실체를 갖추고 구체적으로 실천되고 있으며, 사회적으로도 인권이 우선이라는 인식이 확산되고 있다. 어린이가 뭘 알겠느냐던 생각은 '어린이는 한 명의 엄연한 인격체다'로 바뀌었고, 무죄추정의 원칙이 지켜지면서 억울한 피해자가 생기지 않도록 하며, 범죄 피해자를 위해 국가가 구상권을 행사하고, 노동자 인권을 위해 기업이 인간 존중이라는 경영원칙을 지켜갈 수 있도록 법과 공권력으로 강제하기도 한다.

산업화가 지상 과제였던 시대에 인권, 인간 존중이라는 말은 늘 뒷전으로 밀려났으며 경제적으로 풍족하게 해주면 그게 인권을 지키는 것이라 생각하였다. 하지만 세상은 변했고 사람도 변했다. 인권은 존중철학의 지향점이며 새로운 세대가 공기처럼 호흡해야 할 철학이다.

## 1. 갈등 극복은 인간 존중 철학의 실천으로

갈등은 가족 간에도 조직 내에도 공동체 내에도 언제나 존재한다. 생각이 다른 사람들이 모여 생활하는 곳에 갈등이 없다는 건 진실을 숨긴 채 거짓말을 하는 것과 같다. 서로 의견이 달라서 생기는 심리적 갈등이 반드시 나쁜 것만은 아니다. 갈등 상황을 피하려고 하면 오히려 문제는 문제대로 남게 되므로 정면으로 돌파해 풀어야 한다.

우리 사회는 여러 갈등 상황에 직면해 있다. 저성장과 양극화는 세대 간 갈등을 더욱 심화시키고, 갈등은 표면으로 드러나 사회문제로 인식되고 있다.[2] 심화되는 청년실업 문제와 저출산, 부족한 노후복지 정책 등은 세대 간 갈등을 깊게 하는 사회적 요인이 되고 있다. 또한 공권력에 대한 불신은 국민으로서 존중받지 못하고 있다는 인식을 반영하고 있다.

세대 간 갈등은 우리 주변에서 쉽게 찾아볼 수 있다. 안으로는 부모·자식 간 갈등이 사건·사고로 드러나기도 한다. 온라인상에서

---

2) 〈한국사회의 세대갈등 - 권력·이념·문화갈등을 중심으로〉, 박재흥, 한국인구학 제33권 제3호, 2010.12, pp.75-99

서서히 번져가던 연장자와 여성들에 대한 그릇된 시각은 실제 물리적인 충돌로 이어지기도 한다. 특히 2016년 겨울, 우리나라를 흔들었던 촛불문화제와 박근혜 전대통령 탄핵 반대 집회는 우리 사회가 당면한 세대 간 정치적 시각이 얼마나 다른지 여실히 보여주었다. 한 집안에서 아버지와 자식이 완연히 다른 정치적 견해로 싸움을 하기도 하고, 형제간에도 반목하는 등 곪아왔던 문제들이 표면화되었다. 정치적 견해의 차이는 우리 사회의 가장 아픈 상처 중 하나로 또 다시 전면으로 부각될 가능성이 높다.

정치적 견해 뿐 아니라 생활 방식의 차이 역시 갈등을 부추기고 있다. 경제 성장으로 인한 교육 수준의 상승, 상이한 문화적 경험은 세대 차이를 심화시키고, 갈등 요인으로 작용하기도 한다. 가정 내에서 부모와 자녀의 인식 차이는 대화의 부재, 무관심 등 존재에 대한 부정으로 이어지기도 한다. 특히 가정 내에서 벌어지는 갈등에 대해 공권력이 직접적으로 중재하기란 쉽지 않다. 부모와 자식 세대의 갈등은 서로 다른 삶의 방식과 가치관을 인정하는 데서 풀릴 수 있다. 자식은 부모의 소유라는 생각을 버리고, 생각이나 방식을 강요하지 말아야 한다. 일방적인 명령이나 억압 등은 자식 세대와 단절을 부를 뿐이다.

단적으로 대중 문화를 비롯한 각종 문화적 경험을 향유하고 소비하는 방식을 보면, 부모 세대와는 확연히 다르다는 것을 알 수 있다. 그들은 매체 속에서 우상을 찾고 섬기며, 그들에게 자아를 투영하기도 하고 대리만족을 느낀다. 이런 문화적 경험과 소비는 십대에서 시작해 삼사십대가 되어서도 계속된다.

달라진 삶의 방식은 소비패턴에서도 드러난다. 알뜰살뜰 월급으로 적금 들어서 집도 사고 자식교육이 가능했던 경험을 이제는 더 이상 자식들과 공유하지 못한다. 평생직장, 자수성가의 신화를 자식이 이루기를 바라서도 안 된다. 또한 부모 세대는 적게 경험했던 상대적 박탈감을 자식 세대는 일찍부터 다양하게 경험한다. 이렇게 상이한 경제 경험은 세대 간 갈등의 또 다른 한 축이 되기도 한다.

세대 간 갈등을 해결할 수 있는 가장 중요한 키워드는 서로의 삶에 대한 존중이다. 부모 세대가 살아온 시대를 관통한 보수적 가치관이 형성될 수밖에 없었던 사회·경제적 배경에 대해 이해하려고 노력해야 한다. 부모 세대 역시 마찬가지다. 가부장적 사고방식을 버리고 달라진 세상과 생각을 존중하려는 태도를 지녀야 한다. 소통과 배려는 나와 다른 삶에 대한 존중이 전제되지 않으면 불가능하다. 정서적·문화적 차이로 인한 충돌을 사회적 담론으로 끌어들이고 정책 수립을 통해 사회적 비용 부담 세대와 혜택 세대 간에 골이 깊어지지 않도록 조정할 필요가 있다.

영국은 유럽연합EU 탈퇴 결정을 두고 세대 간 갈등이 극에 달했었다. 잔류를 희망하는 청년층은 탈퇴를 주도한 노년층에 대해 젊은이의 미래를 망치고 있다며 국민투표 결과에 강한 불만을 표시하였다. 특히 투표권이 없는 10대들은 EU 잔류를 강력히 희망하는데 자신들의 의사를 표현할 방법이 없었다며 영국 국회의사당 앞에서 시위를 벌이기도 하였다. 세대 간 갈등은 여전히 영국 사회의 뇌관으로 남아 있다.

주요 정책 수립을 두고 벌어지는 세대 간 갈등 상황은 우리사회에서도 예외가 아니다. 서로 다른 세대가 함께 살아가자는 상생 철학은 공허한 구호가 아니라 절실한 삶의 방식이 되었다. 이토록 봉합하기 힘들어 보이는 세대 간 갈등을 줄이고 합의에 이르기 위해서는 인간 존중 철학이 정립돼야 한다.

## 2. 나를 믿어주는 사회

내가 속한 공동체, 국가가 나를 존중해주고 있다는 믿음은 한 사람의 평생을 지배하는 정서가 될 수 있다. 존중이 일상적으로 실천되지 않는 사회에서는 공권력에 대한 불신도 깊을 수밖에 없다. 이런 공권력에 대한 불신을 없애고자 노력하는 좋은 예가 있다.

부산경찰청은 '존중받아야 존중할 수 있다'는 구호를 내걸고 인권 존중 문화 확산에 기여하고 있다. 매월 첫째 주 수요일을 '청렴·인권 진단의 날'로 지정하고, 국가인권위원회의 권고 사례와 인권 상식 등을 다룬 인권소식지를 내부 게시판에 올리는 등 인권 침해 방지와

---

3) NOCUTNEWS, 2017.12.7. http://www.nocutnews.co.kr/news/4888874

약자 보호에 노력하고 있다.[3] 인간 존중이 구체적으로 무엇인지, 공권력을 다루는 경찰은 어떻게 해야 하는지 조직 내에서 고민했던 흔적들이 실제로 실천되고 있다. 이를 통해 스스로를 성찰하는 시간을 갖고, 내부에서 상호 존중하는 분위기가 정착되면 자연스레 민원인들에게도 더 성실한 태도로 임할 것이다. 구성원 개개인의 노력도 중요하지만 공권력이 앞서 노력하고 실천하는 예는 좋은 본보기가 되어 구성원들에게 선한 영향을 미치게 될 것이다.

사회가 나를 지지해 주고 존중해 준다는 믿음은 내가 어떤 상황에 처하더라도 나의 자존감이 무너지지 않도록 받쳐준다는 믿음이 된다. 인간 존중 철학은 결국 개개인의 자존감이 무너지지 않고 인간으로서의 존엄함을 지켜낼 수 있다는 믿음이 바탕이 되어야 한다. 개개인의 품성에 기대 자존감을 지키라고 해왔다면 이제는 공동체가 나서야 한다. 너와 내가 함께 지켜야 하고 지켜주어야 한다.

# 6

## 너와 나는 다르지 않다

존중받으려면 먼저 존중할 줄 알아야 한다. 상대와 내가 동등한 존재, 평등한 생명체라는 인식이 깔려 있어야 한다. 한 사람이 처한 상황, 그 사람의 사회·경제적 배경을 지우고 그 사람이 가진 생명의 존엄함을 보고 존중할 줄 알아야 한다.

기업들은 인간 존중 경영을 앞세워 조직 구성원들이 처한 어려움, 당면한 문제들에 대해 함께 고민하고 해결책을 제시하고 있다. 감원 대신에 구성원들이 합의한 감봉을 택하고 고통을 함께 나누어지려고 한다. 조직 안에서 따돌림을 당하거나 업무 능력 저하로 힘겨워하는 사원에게 상담의 기회를 제공하고, 교육을 통해 업무 능력 향상을 꾀하기도 하는 등 구성원 개개인의 욕구에 부응하는 경영을 펴기도 한다. 이는 경영의 목적인 이윤창출보다 조직을 이루는 구성원들의 인간적 가치, 존엄함이 우선되어야 한다는 인식 변화에서 비롯된 것이다.

사회가 나서서 구성원들의 자아존중감이 높아질수 있도록 경제적, 정책적 지원이 이루어지게 되면 구성원들의 도덕성도 자연스레 높아지게 된다. 도덕성은 정의롭고 정직한 사회를 만드는 데 뿌리가 되고, 상호 존중은 배려와 소통이 이루어질 수 있는 바탕이 된다. 서로가 서로의 가치를 알아보고 존엄함을 인식하는 상호 존중, 인간 존중 철학은 21세기를 살아야 하는 우리에게 가장 절실하고 필요한 철학이 될 것이다.

■ 참고문헌

· 〈청소년 자아존중감과 행복감 증진을 위한 긍정 가치관 교육에 관한 연구〉, 이윤희, 단국대학교 특수교육대학원 석사학위 논문, 2017.
· 〈청소년의 자아존중감, 학업 스트레스, 부모-자녀 관계, 또래 관계가 배려에 미치는 영향〉, 진미지, 경기대학교 대학원 석사학위 논문, 2017.
· 《존중하는 습관: 영원히 사랑하는 방법》, 바톤 골드스미스 지음, 최주언 옮김, 처음북스, 2016.
· 《나를 사랑하지 않는 나에게: 존중받지 못한 내 마음을 위한 심리학》, 박진영 지음, 시공사, 2016.

# 7장

# 건강한 시민사회로 가는 길, 책임

김정은

# 1

## 책임에 민감한 시대에
## 책임을 말하다

책임은 평상시에 자주 쓰는 말은 아니다. 어떤 사안을 결정하며 책임의 소재가 어디에, 누구에게 있는지 밝힐 때, 어떤 일의 결과를 두고 잘잘못을 논하며 그 무게를 누가 어떻게 감당할지를 다룰 때, 책임이란 말은 뚜렷하고도 무겁게 다가온다. 책임은 개인의 삶을 스스로가 단속한다는 기본 인식에서 출발해 가족의 삶을 서로가 책임진다는 의식으로 지평을 넓혀 공동체, 사회, 국가로 책임의 범위가 점점 확대되어 간다고 할 수 있다.

공직자들이 자신의 책무를 다하지 못한 데 따른 잘못, 인재로 인한 국가재난 등에 대한 공적책임에 이르기까지 책임은 일상적으로 경험하는 감정이면서도 우리 마음, 사회 밑바닥에 깔려 있어 잘 드러나지 않는 숨은 감정이다. 이 숨은 책임의식은 눈에 보이지는 않지만 우리 개개인의 삶과 사회의 도덕적 향방을 결정하고, 권력 구조의 탄력성과 건강함, 공동체가 위기에 대응하는 능력을 측정할 수 있는 척도가 된다.

책임은 맡은 바 소임을 처음부터 끝까지 주관하여 진행한 데 따른 결과와 결과가 불러오는 긍정, 부정의 영향을 모두 수용하는 의무감이다. 하지만 법적, 종교적 또는 도덕적으로 각 분야마다 책임의 개념과 범위가 다양하여 서로 상충되기도 하므로 의미를 명확히 규정짓기는 어렵다. 그럼에도 불구하고 단 한사람이 이 세상에 남게 되더라도 책임은 주어지며, 책임이 없다는 것은 어떠한 행위도 존재하지 않는다는 의미이며, 이는 존재하지 않는다는 뜻이 된다. 우리는 존재함으로써 강제적으로 책임을 져야 한다는 뜻이다.[1]

말에 대한 책임, 행동, 계약 등 개인이 가정, 직장 등 조직 내에서 져야 하는 책임은 비교적 분명하고 상벌도 명확하다. 어릴 때부터 보고 배운 책임감성은 아이의 성격을 좌우하기도 한다. 책임을 인식하고 받아들일 수 있는 유연한 감수성은 아이를 당당하게 만든다. 이 당당함은 참여의식이 바탕이 되어야 할 것이다. 아이에게 '아무것도 모르니 넌 가만 있어'라는 식의 훈육방법은 아이에게 무기력을 학습시키는 기제로 작용한다. 이런 감수성은 사회 구성원으로서 역할을 할 때 더욱 잘 드러나게 된다. 책임이 두렵고 부담스러운 감정이 아니라, 구성원으로서 마땅히 행사해야 하는 의무임을 명확하게 인식하고

---

1) 《책임윤리란 무엇인가》 윌리엄 슈바이커 지음, 문서영 옮김, 대한기독교서회, 2000.

행사해야 할 것이다.

'잘되면 내 덕, 못되면 네 탓' 혹은 '내로남불'의 이기적 해석은 사회가 받아들이지 않는 문화로 정착되어 가고 있다. 특히 공적 책임 한계는 사회 구성원이 대체적으로 동의하고 수긍하는 범위 내에서 이루어지는지, 그렇지 않은지에 따라 사회의 갈등과 분열이 잘 봉합되기도 하고 악화되기도 한다. 공적 책임의 주체는 권력기관과 기관 종사자들뿐 아니라 기업 또한 책임의 주체가 된다. 기업의 사회적 책임 활동Corporate Social Responsibility, CSR2)은 기업활동의 필요조건이 되었으며 전 세계적 현상이기도 하다. 우리 사회는 개인의 책임 뿐 아니라, 공적 책임의 한계를 어느 범위까지 열어놓고 있는지 가늠해봐야 할 것이다.

산업시대 집단이익을 대변하던 낡은 이데올로기로는 새로운 밀레니엄의 가치를 결코 담아낼 수도 없고, 이길 수도 없다. 다수를 위한 소수의 희생이 당연시되고, 조직 유지를 위해 힘 있는 자들에게 주어지던 면책특권, 무소불위의 권력 집행이 너무도 당연했던 시대에서 과정과 결과 모두가 중요한 시대가 되었고, 그에 따른 책임과 의무에 민감한 시대가 되었다. '장강의 뒷물결이 앞물결을 밀어내듯'이 새로운 시대, 새로운 세대는 분명한 책임을 요구한다.

이런 의식의 이면에는 시민들의 참여의식이 바탕이 되었기 때문이다. 이 참여의식은 사회적으로 공분할 만한 정치적 이슈가 제기되었

---

2) 《기업 사회공헌 활동, CSR의 이해》, 배지양 지음, 커뮤니케이션북스, 2015.

을 때 전면으로 표출된다. 정치인에 대한 비판과 더불어 사회문제에 대해 기꺼이 책임지고 해결하겠다는 의지의 표현이기도 하다. 사회 구성원 중의 한 명으로서 현재 이 사회를 구성하고, 미래 세대에게 이 사회를 물려주게 될 우리에게 책임은 짊어져야 하는 최소한의 부담이자 우리가 함께 규정짓고 나누어야 하는 기꺼운 의무이다.

# 2

## 무책임과 무력감

### 1. 무책임과 갈등

주위를 보면 유난히 책임감이 투철해서 든든하고 믿음직한 사람이 있는가 하면, 책임감이라고는 애초에 DNA에 각인되지 않은 듯 '나 몰라라' 하고 뒤로 빠지고 보는 얌체 유형이 있다. 이 유형들을 적나라하게 볼 수 있는 사례가 학교나 직장에서 주어지는 단체수행 과제가 아닐까 싶다. 5~6명씩 모둠을 만들어 특정 과제를 수행하는 형식은 초등학교에서 대학까지, 또 직장에서도 연수 등을 통해 빈번하게 쓰인다.

이 과제 수행을 지도하다 보면 아이들이 하나같이 팀별 과제를 힘겨워한다는 것을 알 수 있다. 과제 내용이 어려워서가 결코 아니다.

팀원들 간에 의견을 조율하고 업무를 분장하며 그에 따른 책임 소재를 분명히 하는 과정까지는 그나마 수월하게 진행된다. 문제는 그다음부터다. 자가기 할 일을 하지 않고 미루어 버린다. 바쁘고, 컴퓨터가 하필 그때 고장나고 하는 등의 이유로 할 일을 안 하면 성실하고 책임감 강한 몇 명이서 나머지 팀원들의 과제까지 떠맡게 된다. 이런 일로 서로 갈등하고 싸우고 하는 일이 허다하다. 일을 해낸 구성원은 구성원대로 지치고 무책임한 구성원은 때로 도를 넘는 비난에 시달리기도 한다. 무책임한 구성원에 대해 점수를 주지 않기도 하지만 갈등으로 인해 받은 상처는 쉽게 아물지 않는다.

이런 갈등이 싫어 '차라리 나 혼자서 다 할 테니까 너희들은 가만 있어'라며 혼자 과제를 처리하는 경우도 있다. 조별 과제는 개인의 능력보다 구성원들과 소통하고 의견을 조율하는 과정을 거치면서 각자에게 주어진 책임을 분명하게 인식하고 행동하는 방법을 배우라고 행해지는 방식이다. 이쯤되면 조별 과제를 통해 책임과 협동을 배우는 것이 아니라, 무책임과 무기력을 학습한다고 볼 수 있다.

책임감이 어릴 때부터 훈련받은 고도의 공감 능력 중 하나라면, 무책임함 역시 배워서 익히게 되는 감정이다. 올바른 책임감이 형성되기 위해서는 어려서부터 부모와 사회가 책임지는 모습을 보고 들을 수 있어야 한다. 하지만 책임지지 않는 부모와 사회는 아이들의 책임의식을 희박하게 만든다. 또한 실수를 용납하지 않는 엄격한 분위기는 아이들의 참여 의지를 꺾고 무기력함을 배우게 한다. 참여한 후 실수도 하고 칭찬도 받고 하면서 책임감을 조금씩 키워나가는데 이런 과정이 원천봉쇄 되어 버린다면 책임 감수성은 무뎌지고 건강한 성인으로 성장하기 힘들다. 무기력함에 젖으면 가정과 사회 구성원으로서 자신의 존재감을 버거워하고 세상에 대해 심드렁해진다.

여기에 책임이 들어설 자리는 없다. 책임지지 않는 사람이 많아지는 사회는 책임지는 소수의 부담을 가중시켜 공감대를 줄이고 갈등을 증폭시킨다. 우리는 책임으로 인한 다양한 갈등 상황에 처하고 고민을 거듭하면서 어떤 사람은 도덕적인 책임을, 어떤 사람은 법적인 책임을, 어떤 사람은 회사 구성원으로서의 책임을, 어떤 사람은 가족 구성원으로서의 책임을 선택한다. 또한 책임의 범위도 모두 다를 수밖에 없다. 각자의 가치관, 구성원이 지닌 보편적 가치관에 따라 선택하고, 그에 따르는 책임도 달라진다. 때문에 책임에 정답은 없다. 하지만 어떠한 선택을 하느냐에 따라 공동체의 미래가 달라질 수 있다는 점은 명심해야 할 것이다.


## 2. 사적 책임과 공적 책임의 부조화

사람이 살다보면 책임져야 할 일들이 참 많다. 책임은 도덕 준수에서 시작된다고도 볼 수 있다. 교통신호 지키기와 같은 가벼운 사회규범에서부터 살인하지 않기와 같은 도덕적 실천까지 그 범위는 넓고도 다양하며 우리 일상을 지배하고 있다. 이 사회에 책임이 없어지고, 책임이라는 암묵의 사회적 약속이 깨진다면 어떻게 될까? 혼란과 무질서를 감당하지 못해 결국 자멸하고 말 것이다. 사회와 구성원들의 안전한 미래를 위해서도 책임은 반드시 지켜져야 할 공적 개념이다.

하지만 이런 공적 책임과 사적 책임 사이의 모순 때문에 책임을 쉽게 정의하기 어려운 경우도 셀 수 없을 만큼 많다. 이에 대한 책임 규정은 국가마다, 인종마다, 지역마다 다르기 때문에 어떤 기준이 우월하다고 할 수 없으며, 또 어떤 기준이 맞다고 쉽게 판단할 수도 없다.

사적인 책임 범위와 공적 책임 범위의 부조화로 인해 빚어지는 예를 들어보자. 〈론 서바이버〉[3]라는 영화가 있다. 아프가니스탄에서 복무 중인 특수 부대 네이비씰 대원들이 중요한 군사작전에 투입되면서 벌어지는 일들을 다룬 영화이다. 대원들은 작전을 위해 산에 매복해 있던 중, 산으로 올라온 양치기 소년들에게 정체가 발각된다. 완벽한 작전 수행을 위해서는 소년들을 죽여야 한다. 하지만 UN의 교전규칙을 지키자면 소년들을 죽여서는 안 된다. 이런 경우 어떤 책임이 더 무거울까?

이와 비슷한 경우가 우리 현대사에도 있다. 1980년 광주민주화운동을 진압하기 위해 투입된 진압군들 중에는 군인으로서 총격 명령에 따라야 하는 당위성과 개인으로서 민간인을 죽인다는 죄책감 사이에서 갈등하다가 트라우마를 겪으며 오래도록 고통스러워한 사람

---

3) 피터 버그 감독. 2014. 미국.

도 있었다. 공적 책임과 사적 책임 사이의 간극을 어떻게 메울 수 있으며, 우리 사회는 이를 어떻게 해석하고 허용하고 있는가? 이 책임의 주체를 군인도 아니고 소년도 아니며 진압군도 아니고 광주 시민도 아닌, 생명 그 자체라고 한다면 이야기가 달라질 수 있을까? 어떤 경우에도 책임의 기준점은 생명이 되어야 하지 않을까? 천부적으로 받은 생명은 그 어떤 가치보다 우선하기 때문이다. 그리고 책임을 묻는 주체는 약자와 소수자가 되어야 할 것이다.

이와 반대로 개인에게 과도한 책임을 물어 비극을 초래한 사건도 있었다. '독수리와 소녀'라는 유명한 보도 사진이 있다. 갈비뼈가 그대로 드러난 앙상한 몸으로 이마를 땅에 댄 채 쓰러질 듯 쭈그려 앉아 겨우 몸을 지탱하는 한 소녀가 있다. 소녀의 등 뒤에는 아이가 쓰러지기를 기다리는 큰 독수리 한 마리가 소녀를 노려보며 앉아 있었다. 이 사진은 10년이 넘는 오랜 가뭄과 내전으로 고통받으며 사람들이 굶어죽어 가던 수단에서 촬영되었다. 이 사진을 찍은 기자 케빈 카터는 1994년 퓰리처상을 받는 영예를 안았다. 하지만 그는 영예보다 더한 비판에 직면했다. 당장이라도 독수리가 소녀를 잡아먹을 듯한데 아이를 구하지 않고 사진만 찍었다며 전 세계인의 지탄을 받았다. 비판으로 인한 심적 부담을 견디지 못했던 그는 결국 자살로 생을 마감하였다.

케빈 카터는 사진 촬영 직후 소녀를 안전한 대피센터로 이송하여 목숨을 구해주었지만, 사람들은 뒷얘기는 들으려 하지 않고 끝없이 비난만 퍼부었던 것이다. 아이들이 독수리 먹이가 되어가는 수단의 참담한 현실을 전하려던 케빈 카터의 메시지는 정작 사람들에게 제대로 전달되지 않았다. 케빈에게 일방적으로 비난을 퍼붓던 언론과 그에 동조한 사회 구성원들은 어떻게 연대책임을 질 것인가?

공적 책임과 사적 책임 사이의 모순을 줄이기 위해서 필수불가결 요소 중 하나인 사회 구성원들의 합의는 어디까지 판단의 기준이 될 수 있을 것인가? 또한 공적 기관이 긋는 책임의 한계에 대해 구성원들은 어디까지 동의하고 또 어느 지점에서 저항할 것인지, 오늘을 사는 우리 모두에게 물어야 할 큰 질문이다.

# 3

## 책임의 특징

책임에는 다양한 특성들이 있다. 상이한 존재들이 모여 만들어진 사회에서 상호 간에 약속을 지키고 유지하는 개념으로서 책임에는 다양한 특성들이 존재한다. 책임은 사회적 기능과 상호 작용 등 다양한 요인으로 인해 서로 상충되기도 하고 결합되기도 한다. 책임에 수반되는 여러 특성들에는 어떤 것들이 있는지 함께 살펴보자.

### 1. 책임의 강제성

자연인으로 존재하는 인간에게 책임은 천부적으로 부여되는 개념이며, 여기에 강제성은 존재하지 않는다. 하지만 사회 구성원으로서 인간에게는 책임이 강제로 부여된다. 이를 알 수 있는 가장 쉬운 예시는 '법'이다. 법은 사회 구성원들 간의 약속으로 만들어진 규약인데, 이를 어기면 사회적 합의에 의해 강제적으로 책임을 지게 된다. 이밖에도 사회질서를 유지하기 위한 관습 등 다양한 약속들이 지켜지도록 다양한 방법으로 책임을 강제하기도 한다. 이는 사회적인 합의에 대한 안정성과 지속성, 신뢰성을 확보하기 위한 책임의 특성으로 볼 수 있는데, 이러한 책임의 강제성은 시대에 따라, 구성원들의 합의 여부에 따라 달라진다.

　'선한 사마리안 법'이라는 것이 있다. 신약성경 누가복음서에서 비롯되었는데 유대인이 강도를 당했을 때 그들에게 멸시받던 사마리아인이 유대인을 구한 데서 따온 용어이다. 현대사회에서는 일면식도 없는 사람이 범죄 등 위급한 상황에 처했거나 생명이 경각에 달했을 경우, 내가 위험에 빠지지 않는 상황임에도 불구하고 구조를 이행하지 않을 경우 처벌하는 법이다. 서구 몇몇 국가에서 법안으로 채택하여 처벌하고 있지만, 우리나라에서는 아직 법으로 적용하지 않고 있다. 다만, 2008년 이 법안의 취지를 받아들여 응급의료법 개정안이 통과되었다. 응급상황을 해결하기 위해 어떤 행위를 한 경우, 그에 따른 유무형의 책임을 감면해 준다는 것이다.

　이 법안에 대해서는 찬반 의견이 팽팽하다. 요즘은 각 지하철 역마다 심폐소생기가 비치되어 있어 응급 시에 누구나 응급처치를 할 수 있도록 하고 있다. 하지만 비전문가가 응급처치를 하다가 늑골이 골

절될 경우, 그에 따른 배상은 처치행위를 한 당사자가 고스란히 감당해야 한다. 인도주의적 차원, 도덕적 차원에서 응급처치를 했던 당사자가 유무형의 결과에 대해 전적으로 책임지는 것이 과연 합당한가 하는 문제는 사적 책임과 공적 책임의 한계에 대해 고민하도록 하는 사례가 된다.

그 외에도 폭행을 당하고 있는 사람을 구해주다가 쌍방 폭행으로 번질 경우 피해자가 고소를 하면 배상해야 한다. 또한 폭행을 당하던 사람이 현장을 벗어날 경우, 선한 의도로 피해자를 돕고자 했던 사람은 덤터기를 쓰게 된다. 선한 의도를 공적으로 책임져 주지 않는 사회에서는 구성원들 서로 간에 불신과 이기주의가 만연해질 수밖에 없다. 끼어들었다가 경찰에 불려다니고, 잘못하면 돈까지 잃게 될지도 모르는 상황을 기꺼이 감수할 사람은 없을 것이다.

어쩌다 미담으로 올라오는 강도를 잡아서 표창을 받은 이야기는 그야말로 일이 아주 잘 해결된 경우에 속한다. 일이 잘 해결되지 않더라도 어려움에 처한 사람을 돕는 데 주저함이 없는 사회적 장치가 마련되어야 할 것이다. 개인이 떠안은 강제적 책임을 사회가 안고 해결해 준다는 믿음이 사회 구성원들에게 심어져야 한다. 구성원들끼리 서로가 운명공동체라는 인식, 익명성을 뛰어넘을 수 있는 공적인 장치 마련은 여전히 큰 숙제로 남아 있다. 언제까지 개인의 도덕성, 실천 능력에 기대기만 한다면 예상치 못한 불행만 계속될 뿐이다.

## 2. 책임의 분산성 - 방관자 효과

라인홀드 니버[4]는 그의 저서《도덕적 인간과 비도덕적 사회》에서 사회집단의 도덕성은 개개인의 도덕성보다 현저하게 떨어진다고 말한다. 개인이 가진 도덕성의 수준이 높다 하더라도 개개인이 모인 집단이나 조직의 도덕성 수준은 개개인의 도덕성에 미치지 못한다는 것이다. 이와 같은 특성은 책임에서도 유사하게 나타나는데, 심리학에서는 이를 '방관자 효과Bystander effect' 혹은 '제노비스 신드롬Genovese syndrome'이라고 한다. 방관자 효과는 익명의 사람들이 모여있는 상황에서 사건이 발생했을 때, 주위에 사람이 많을수록 경찰에 신고하거나 피해자를 구하는 등의 적극적 행위를 하지 않고 방관한다는 의미이다. '내가 나서지 않아도 누군가는 하겠지'라는 심리의 발현이나 책임감이 분산되는 현상을 일컫는 용어이다.

이 용어는 1964년 미국 뉴욕에서 일어난 한 사건에서 비롯되었다. 키티 제노비스라는 여성이 새벽 3시경 집 근처에서 강도의 흉기에 살해되는 사건이 발생한다. 폭행과 살인이 약 30분 동안 벌어졌는데 사건을 목격한 사람이 38명이나 되었음에도 불구하고 그녀의 비명과 도움 요청에 아무도 반응하지 않았던 것이다. 누군가는 신고하겠지, 도와주겠지 하는 생각이 비극을 초래한 것이다.

---

4) Karl Paul Reinhold Niebuhr(1892~1971), 미국의 문명비평가이자 신정통주의 신학 지도자,《도덕적 인간과 비도덕적 사회》, 라인홀드 니버 지음, 문예출판사, 2004

이 사건 이후 미국의 심리학자인 존 달리John Darley와 빕 라테인Bibb Latane은 방관자 효과를 실험을 통해 입증하였다. 혼자 있을 때와 집단에 속해 있을 때 사람들이 위급 상황에 반응하는 태도를 체크하는 실험을 진행했다.

방 안으로 연기가 들어오고 사람이 쓰러진 상황에서 여럿이 있을 때 내가 아닌 다른 사람이 행동할 것으로 생각하여 사람들은 구조행위에 적극적으로 개입하려 하지 않았다. '굳이 나까지 나설 필요가 있나' 하는 소극성, '괜히 나서봤자 손해본다'는 생각, '경찰 등 전문가들이 알아서 할 것'이라는 생각 등이 더해지면서 개입 의지를 약화시킨 것이다. 집단 속에서 책임의 분산성이 가져온 결과로 해석되는 실험이었다.

몇 년 전, 중국에서 마작을 하던 노인이 마작방에서 심장마비로 쓰러져 죽어가는데도 누구 한 명 나서지 않았던 동영상이 크게 화제가되었다. 또한 길거리에서 죽어가는 사람을 방치하는 등 세계적으로 여론의 도마에 오를 만한 일들이 계속되었다. 이는 남의 일에 일절 간섭하지 않는다는 중국만의 문화적 배경 때문이라는 해석도 있지만, 인간과 생명에 대한 존중이 경시되는 사회의 일면을 보여주고 있다는 해석도 존재한다.

이렇듯 방관자 효과는 익명의 사람들이 모인 곳에서만 일어나는 현상이 아니다. 조직체, 학교 등 사회 곳곳에서 흔히 볼 수 있는 현상이다. 몇 년 전 가스배관을 타고 맨발로 집에서 탈출해 인근 슈퍼로

도망했던 인천의 11살 소녀가 있었다. 소녀는 또래의 절반밖에 되지 않는 덩치에 심한 영양실조에 시달리고 있었다. 경찰 조사 결과 소녀는 2년여 동안 감금된 상태에서 제대로 먹지도 못했으며 학교에 출석조차 하지 않고 있었다. 인천 소녀 학대 사건은 아이가 맨발로 다니는 것을 수상하게 여긴 슈퍼 주인의 신고로 알려지게 되었다.

아이들은 부모가 어련히 알아서 할 것이기 때문에 이웃은 간섭하면 안된다는 인식의 밑바닥에는 아이는 부모의 소유물이라는 전근대적 사고방식, 양육방식이 깔려 있다. 실종 아동문제, 학대 아동문제는 계모 혹은 친모와 친부, 계부가 함께 저지른 천인공노할 사건이라는 일차적 인식은 사건 당사자에 대한 처벌이 이루어지면 그뿐이라는 근시안적이고 전근대적인 생각의 범주를 벗어나지 못하게 한다. 이를 넘어서서 양육방식에 대한 반성, 지역 공동체가 나서서 함께 아이를 키우고 보호해야 한다는 인식이 필요하다. 이런 인식이 구성원들에게 받아들여지고 퍼진다면 아이가 납치되는데도 멀뚱히 지켜보는 최악의 상황은 피할 수 있을 것이다.

이런 사건들이 반복되면서 흔히 말하는 우리의 '오지랖 정서'가 재조명받고 있다. 앞서 슈퍼주인처럼 '저 아이가 왜 저러지? 뭔가 이상하다'라고 여겨 사건에 개입하는 행위가 아이를 살렸듯이, 오지랖을 떠는 행위는 우리만의 독특한 정서에 기반하고 있다. 사실 오지랖은 사생활 침해의 대명사로 여겨지며 부정적 평가를 받아왔다. 하지만 이 정서가 있기 때문에 그래도 아직은 살 만하다는 자조와 위안이 우리 사회를 지탱하고 있는지도 모른다. 때로 방관자 효과를 상쇄하고 익명성을 극복할 수 있게 해주는 오지랖 정서가 공동체의 위기에 적극적으로 개입하고 책임지고자 하는 심리에서 비롯된 것은 아닐까 싶다.

얼마 전, 지하철 역사에서 술에 취한 노인이 몸도 가누지 못한 채 비틀거리며 연신 넘어졌다 일어났다를 반복하고 있었다. 주위를 지나던 사람들 대부분이 힐끗 보고 걸음을 재촉하였지만 몇몇 학생과 아주머니가 그 노인을 부축하였다. 직접 노인을 돌보진 않았지만 그 광경을 지켜본 사람들의 마음속에는 학생들과 아주머니에 대한 고마움이 분명 있었을 것이다.

사건이 발생하면 신고 전화가 줄을 잇는다거나, SNS를 통해 사건을 공유하고 억울한 피해를 입은 사람을 돕기 위해 나선다거나, 성금을 모금하는 등 도덕적 행위에 사람들이 적극적으로 나서고 있다. 이는 결국 사회적 책임을 다하려는 구성원들의 행위라고 볼 수 있다. 이 행위들은 아동 성범죄자 처벌 수위 강화 청원, 학령기 아동 전수조사 실시 등 약자에 대한 적극적 보호책 마련에 힘을 보태고 있으며, 사회적 선순환 고리를 만들어가는 데 크게 일조하였다.


## 3. 책임의 연결성 – 연대책임

개인 행위의 결과에 대한 책임은 오롯이 개인에게만 귀속되는 것일까? 반드시 그렇지는 않다. 이는 집단생활을 하는 사회적 존재에게 필연적으로 나타나는 특성이다. 개인이 홀로 존재할 때는 행위에 대한 결과를 개인이 책임지지만, 집단 속 개인이 행한 행위에 대한 책임 소재는 구성원들 간에 연결되고 서로에게 전가되기도 한다. 우리가 흔히 '연대책임'이라고 일컫는 것이 바로 이것이다.

학창 시절 한 사람이 잘못을 저질렀을 때 반 전체가 함께 벌을 받거나, 회사에서 한 사람의 실수로 팀 전체가 야근을 하는 등 원시적이고 일차원적이지만 연대책임이라 부를 만한 상황들을 주변에서 쉽게 찾아볼 수 있었다. 하지만 사회가 고도로 분화되고 복잡해지면서 책임 소재 규명, 책임 범위 규정 등에 예전의 잣대를 들이댈 수는 없다.

개인을 옭아매는 악법 중의 하나로 연대보증 제도가 있다. 금융기관이 채무 당사자 외에 제3자를 채무 보증인으로 내세워 자금을 빌려주고 채무 당사자가 빚을 갚지 못할 경우, 보증인이 빚을 고스란히 갚아야 하는 제도이다. 채권 회수만을 목적으로 하는 금융 당국은 보증인의 상환 능력에 기대어 과도한 대출을 집행하는 것이다. 형제간, 친구 간에 보증을 선 탓에 생긴 갈등과 불화를 극복하지 못해 가정이 해체되기도 한다. 또한 기업 간 상호 보증으로 파산하여 잘 다니던 직장에서 직원들이 정리해고 되는 등 연대보증 제도로 인해 여러 가지 사회문제가 다각적으로 발생하고 있다.

돈이 필요해서 빌려갔으니 상환의 책임은 당연히 채무 당사자에게 있다. 하지만 금융당국은 책임에서 완전히 자유로울 수 있을까? 이 자놀이에 급급해 개인의 상환 능력을 고려하지 않은 대출을 해주고 채무자와 보증인의 기본적인 인격권을 침해하면서 추심 활동에 나서는 등 금융당국의 행태는 공적 금융기관으로서 져야 하는 사회적 책임을 외면하고 있다. 이에 대해 일각에서는 금융권의 과도한 대출 제한, 보증인 제도 폐지 등을 요구하기 시작하였다. 금융권에 공적 책임을 묻기 시작한 것이다.

2012년 법인 연대보증 폐지를 시작으로 개인 간 연대보증 폐지에 대한 논의가 본격화되었고 2013년을 기점으로 폐지되기에 이르렀다. 2018년 연대보증 제도 폐지에 대한 논의와 더불어 개인의 도덕적 해이모럴 해저드 - moral hazard 발생 가능성에 대해서도 다각적인 논의가 이루어질 전망이어서 귀추가 주목된다. 이를 통해 공적 책임과 사적 책임의 범위를 어떻게 규정하고 법적으로 실행할 것인지 현실적이고 구체적인 방안이 논의될 전망이다.

한편, 고위 공직자들은 직위에 따른 권리를 누리는 반면에 그 무게만큼 주어진 책임을 감당해야 한다. 특히 공직 사회에서 벌어진 비리 · 비위 사건에 대해서는 엄격하게 책임을 묻고, 사건 당사자에 대한 처분 뿐 아니라 사안에 따라 연대책임을 물어야 한다. 방산비리 척결을 위해 장 · 차관, 방사청장이 연대해서 책임을 지겠다는 태도는 공직자의 사회적 책무를 다하겠다는 의미로 받아들여지고 있으며, 여타 영역에도 영향을 미치게 될 것이다.

또한 예전과는 달리 고용 형태가 다양화되고 분화되면서 근로 범위와 노동권에 대한 책임범위를 명확하게 규정짓지 못하고 있다. 이런 연유로 파견근로자의 권리 보호, 사업주와 사용자와의 갈등 등 사회적 논란이 계속되고 있다. 고등법원에서는 파견 근로자의 산업재해에 대해 사용주와 파견 사업주가 연대책임을 지라는 판결을 내리면서 책임의 범위를 공적으로 확정한 사례가 있었다. 우리 사회는 점점 더 고도화되고 분화되면서 이제껏 경험하지 못했던 새로운 형태의 다양한 관계들을 맺게 될 것이다. 정의되지 못한 관계에서 빚어진 혼란은 책임 범위 규정에도 예외가 아니다. 새로운 시대에 맞는 책임 범위 해석이 절실하다.

사회는 개인의 도덕적 해이, 무책임함에 대해 공권력으로 강제하거나 제어하기도 한다. 한 해 평균 10만쌍의 부부가 이혼을 하면서 양육비 관련 분쟁 역시 늘어나고 있다. 예전에는 부모된 책임을 다하는 것이 당연한 의무로 받아들여지고 양육비는 당연히 부담하는 것으로 생각했다. 하지만 경기 침체에 따른 불황이 장기화되면서 양육비를 지급하지 않는 경우가 많아졌다. 양육을 개인의 영역에서 공적 양육의 영역으로 끌어올려 양육비 지급을 법적으로 강제하게 되면서 이혼으로 인한 경제적 지위 급락, 양육으로 인한 일방의 부담 완화 등 긍정적 효과가 있을 것으로 기대된다.

개인의 삶이라는 것이 온전히 개인의 일상만은 아니다. 숨쉬고 먹고 자는 생물학적 기본행위도 거미줄처럼 이어진 사회구조망 속에서 이뤄지는 생존행위이다. 국가가 공동체와 한 개인의 삶에 대해 져야 하는 연대책임, 국민에 대한 책임을 외면하는 시대로의 역행은 더 이상 용납되지 않을 것이다.

## 4. 책임 주체의 모호성

책임의 특징 중 모호성이라는 것이 있다. 똑같은 잘못을 하더라도 사회적 지위에 따라, 누가 그 행위를 했느냐에 따라 책임을 지는 주체와 책임을 지는 내용이 달라지기 때문에 생긴다. 때로는 사회적 합의에 따라 책임의 주체와 내용이 달라지기도 하며, 책임을 지지 않기도 한다.

근무 시간에 회사차를 이용해 거래처로 가던 A씨가 폭설에 차가 미끄러져 교통사고로 입원하게 되었다. 이것은 누구의 책임일까? 일차적으로는 A씨의 부주의한 운전때문이겠지만, 사고의 책임을 개인에게만 전적으로 물을 수는 없다. 근무 중에 일어난 사건이므로 A씨를 고용한 B씨가 일정 부분 책임을 나눠 가지게 된다. 또 스노우체인을 잃어버리고 채우지 않은 직장 동료 C씨에게도 책임이 있고, 폭설에도 제설 작업을 제때 마치지 못한 D시에도 책임이 있다.

이와 같이 사회적인 위치에 따라, 행위 목적에 따라, 개인이 속해 있는 집단의 사회적 약속에 따라 책임의 범위와 정도가 달라질 수 있다. 이렇게 사안에 따라 책임의 주체나 책임의 경계가 모호해지는데, 이런 특성 때문에 서로 책임을 미루거나 책임을 덜 지려고 하는 상황에 노출되기도 한다.

이런 경우, 사회 구성원 개개인에 책임의 무게를 더 지우는지, 구조적으로 책임을 나누어 지려고 하는지는 사회구조 분화 정도에 따라 달라질 것이다. 공적 시스템이 촘촘하게 잘 정비되어 있고 성숙한 시민의식이 바탕에 있다면, 개인이 짊어져야 하는 책임의 무게는 가벼워질 것이다. 그리고 국가가 나와 함께 책임을 진다는 믿음은 사회 구성원들에게 소속감을 높여 줄 것이다.

개인이 90퍼센트의 잘못을 저질렀고 10퍼센트가 사회구조 때문에 비롯된 일인 경우가 있다. 이럴 때, 개인의 잘못에 대해서만 초점을 맞춰 과도하게 파헤치고 집요하게 비난하는 태도는 지양해야 한다. 이런 태도는 잔혹하고 엽기적인 사건에 대한 무분별한 보도로 이어지기 십상이며 언론사마다 선정성 경쟁으로 흐르기 쉽다. 반면에, 사실만 보도하고 사건이 일어난 원인에 대해 다각도로 분석한 보도가 있다고 할 때, 우리는 어떤 뉴스를 더 소비하는지 생각해 봐야 한다.

잔혹한 범죄 수법이 그대로 드러난 선정적 기사에 대한 관심은 언제나 뜨겁다. 언론사의 무분별한 보도 관행에 대해 책임을 묻고 싶지만, 그 관행이 관행으로 굳어지게 한데는 사회 구성원들의 책임도 분명히 있다. 언론의 보도 행태와 구성원들의 관심사가 합해진다면 그 사회의 분위기, 문화적 수준, 생명에 대한 경시 여부를 가늠할 수 있는 척도가 될 것이다.

깃털 뽑기, 꼬리자르기라는 말이 한때 널리 유행했었고, 지금도 회자되고 있다. 이 말은 사회적으로 물의를 일으킨 사건 당사자는 고위직이라는 이유로, 정치·경제계 인사라는 이유로 처벌받지 않고 업무 지시를 따랐던 아랫사람이나 연관성이 적은 사람에게 책임을 떠넘기는 것이다. 사건 발생에 대한 이유와 본질은 흐리고 책임에만 초점을 맞춰 여론을 호도하기도 한다. 감사원 비리, 국정원 조작 사건 등 굵직굵직한 사건들은 몸통은 놔두고 깃털만 뽑아버린 예로 역사에 남을 것이다.

책임을 진다는 것은 과연 어떤 의미일까? 책임이 곧 처벌이라는 사고방식이 이제까지 우리 사회를 지배해왔다면, 책임 소재를 묻는 방향과 내용에 대해 우리 사회는 얼마나 적극적이었는지 돌아보아야 한다. '누군가가 책임지면 되지'라는 안이한 생각, 나랏일에 대한 책임은 너무 따지는 것이 아니라는 전근대적인 사고방식 탓에 몸통은 새로운 깃털이 자라나기 무섭게 크기를 더 불려간다. 몸통이 더 이상 자라나지 않도록 하는 것은 어쩌면 우리 모두에게 주어진 미래 과제일 것이다. 성숙한 시민의식이 바탕된 시민사회가 제대로 자리잡을 때, 잘못을 인정하고 비난을 기꺼이 감수하며 책임에 따른 제대로 된 사죄가 이루어질 것이다.

# 4

## 사회적 책임과 참여의식

책임은 일차적으로 어떤 행위에 직접 참여했을 때 발생한다. 하지만 직접적·물리적으로 참여하지는 않았으나 연대의식이나 공동체의식에 기반해 책임감을 느끼기도 한다. 하지만 책임감의 원천은 뭐니 뭐니 해도 직접 참여라 할 수 있다. 특히 사회 구성원으로서 가지는 참여의식은 시대마다, 사회적 문제의 파장 정도에 따라 높아지기도 하고 현저하게 낮아지기도 한다. 그렇다면 참여의식은 시대에 따라에 어떤 방식으로 표출되어 왔을까?

참여의식이 예전에는 집단적 형태를 띠며 오프라인에서 조직된 힘으로 나타났다면, 이제는 온라인망을 타고 각종 SNS를 기반으로 하여 엄청난 속도로 공유되고 있다. 정보는 새로운 형태로 유포되고 정보를 취합, 선택하는 것은 개인의 자유의지에 따른 결과물이 되었다.

구성원들 사이에 공감대가 얼마나 깊고 광범위하게 형성되었는가 하는 정도에 따라 파급력은 결정된다.

지난 2016년 겨울, 광화문에 가득했던 촛불은 대한민국의 정치 현주소 뿐만 아니라 변화하는 시대상, 시민의식을 그대로 보여주는 지표가 되었다. 전직 대통령 개인의 비리를 넘어 국가가 좌초하고 있다는 위기의식을 극복하려는 참가행위였으며, 내가 살아가는 시대에 벌어지는 현상에 대해 책임지려는 적극적인 시민의식의 발현이었다고 볼 수 있다. 촛불문화제에 참여한 사람들의 구성을 보면 예전과는 달라진 점들이 있는데, 그중 가장 눈에 띄는 것이 가족 단위 혹은 친구들끼리 삼삼오오, 또는 혼자서 참가하는 예가 급격히 늘어났다는 것이다. 예전에는 지역별로, 조직별로 참가하는 것이 당연시되었지만 이제는 그렇지 않다. 온라인을 통한 소식의 공유와 개별적 참가는 디지털 플랫폼에 기반한 일상화, 개인주의적 성향을 여실히 보여주는 예라 할 수 있다.

내가 살고 있는 시대를 책임진다는 말속에는 다양한 스펙트럼이 존재한다. 가장 기본적으로는 내 일상을 충실히 사는 것이고, 나아가 나를 둘러싼 사람들, 제반 환경에 무관심지 않는 것이다. 책임 의식을 실천하는 방법 또한 시대에 따라 개인이 속한 환경에 따라 변화하고 있다는 것을 실감하게 된다.

# 5

## 공적 책임과 사적 책임의
## 조화를 지향하며

 살면서 사람들은 성장 과정과 생애주기에 따라 각기 다른 무게의
책임을 지게 마련이다. 일차적으로는 자신이 한 말과 행동에 대한 약
속을 지키고, 한 개인에게 직접적으로 결과가 수렴되는 행위에 대해
서 책임을 져야 한다. 그리고 사회적인 약속을 이행하고 나와 직접적
인 관련은 없지만, 사회 구성원으로서 져야 하는 책임을 등한시하지
않으며 다양한 상황에서 책임을 요구받고 책임을 지기 위해 노력해
야 한다.

 책임을 진다는 것은 행위에 따른 결과를 받아들이고, 순응하는 것
이며, 도덕적이고 이타적인 행위자로서의 인간의 특징을 나타내는
것이기도 하다. 책임 지는 행위를 통해 우리는 미래 사회 구성원들
이 갖추어야 할 바람직한 가치관을 자연스럽게 익히도록 하고, 사회

구성원으로서 마땅히 해야 할 의무에 대한 책임감을 가지게 할 수 있다.

그렇다면 개인의 책임 범위와 국가 혹은 공동체가 안아야 하는 책임의 범위는 어떻게 조화를 이루어 나갈 수 있을까? 사회가 분화되는 과정에서 전통적으로 개인이 책임져야 하는 영역으로 인식되었던 육아, 노후보장 등으로 확대되면서 공적 책임 범위가 인생의 전 영역으로 확대되고 있다. 불과 삼십여 년 전만 해도 불가능해 보였던 의무교육의 확대 시행은 많은 사람들에게 평등한 배움의 기회를 제공하고 있다. 또한 몇 년 전만 하더라도 육아수당은 생각할 수도 없었지만, 이제는 당연한 권리로 받아들여지고 있다. 공공 시스템이 공익을 위해 가동되고 그에 따라 구성원들의 일상에 직접적인 영향을 미치고 삶의 질을 높이는데 기여한다면, 공적 책임 영역은 더 넓어질 것이다.

국가의 공적 책임에 대한 인식 못지 않게 기업의 사회적 책임활동Corporate Social Responsibility, CSR에 대한 관심도 날로 높아지고 있다. CSR은 전 세계적인 현상으로 기업이 사회적 부작용을 해결하는 주체로 나서며 환경, 경영, 노동권리, 소비자 권리 등 전 분야에 걸쳐 발생하는 갈등을 해결하고, 의사 결정 및 활동을 하는 것을 말한다.5) 기업이 한 개인의 소유가 아니라 기업이 속한 공동체의 소유이며, 이익환원을 위해 현안 문제들을 풀고자 하는 공적 책임의식의 발로라 할

---

5) 《기업의 사회적 책임 CSR 경영》, 다니모토 간지 엮음, 김재현 옮김, 시대의창, 2011

수 있겠다.

새로운 시대는 공적 책임 구현에 대해 점점 무게를 두고 있다. 우리는 공동체의 실수를 인정하고 긍정적 역할에 대해 고민해야 하며 구성원으로서 나의 책임에 대해 인식해야 한다. 그것이 도덕성의 발현이고, 정의의 실현이며, 책임지는 시민의 모습이다.

■ 참고문헌
· 《책임윤리란 무엇인가》 윌리엄 슈바이커 지음, 문서영 옮김, 대한기독교서회, 2000.
· 《기업 사회공헌 활동. CSR의 이해》, 배지양 지음, 커뮤니케이션북스, 2015.
· 《도덕적 인간과 비도덕적 사회》, 라인홀드 니버 지음, 문예출판사, 2004
· 《기업의 사회적 책임 CSR 경영》, 다니모토 간지 엮음, 김재현 옮김, 시대의창, 2011

# 8장

# 인간살이의 기본 미덕, 협동

김만기

# 1

## 협동은
## 낯설고 버거운 가치인가

    협동協同 또는 팀워크teamwork는 사회에서 활동을 하는 두 사람 이상이 함께 공동의 목적이나 목표를 이루기 위하여 하는 모든 행위를 일컫는다. 협동은 서로 마음과 힘을 하나로 합하여 일정한 결과물을 만들어내는 것이며, 뜻은 좀 다르지만 넓은 의미에서 cooperation, collaboration 등도 협동으로 표현될 수 있다.

    이러한 협동이 이루어지는 가장 원초적이고 기초적인 단위는 가정이다. 그리고 학교, 직장, 사회로 외연이 확대될 수 있다. 다양한 분야에서 이루어지는 사회활동 가운데에는 굳이 협동이나 협업이라는 용어를 쓰지 않을 뿐이지, 협동이 이루어지지 않은 곳은 한 곳도 없을 것이다.

    우리나라는 역사적으로 호혜적 이타주의에 입각하여 향약이나 두레, 계 등을 통해 개인과 공동체 간에 상호 노동 교환이 이루어졌고 농민들이 결집하였다. 이 과정을 통해 협력하면서 협동의 역사가 생겨났다고 볼 수 있다. 하지만 농경사회에서 전통적으로 행해지던 협동활동이나 협동에 대한 가치는 시대에 따라 변해왔으며, 현대사회에서는 내가 사는 공동체를 넘어서는 폭넓고 다양한 활동들이 협동을 근간으로 행해지고 있다.

협동이란 인간이 태어나는 순간부터 자연적으로 속하는 공동체 안에서 사람들과의 교류를 통해 이루어지게 되는 활동이다. 가정에서 아이는 성장하고, 성장과정에서 가족과 유대감을 형성해 가면서 공감과 존중, 배려 등을 배우고 이런 정서를 통해 협동의 중요성과 필요성을 깨달아 가게 된다. 협동은 사람과 사람이 어울려 살아가는 삶의 터전에서 반드시 익혀야 하는 생존감성이다. 인간은 홀로 독불장군처럼 살아갈 수 없다. 사람들과 함께 어울리며, 공동의 가치를 익히고 사회 구성원으로서 살아가게 되며 제 몫을 다한다.

협동심은 유아기 아이들 놀이에서부터 시작되고 발현된다고 볼 수 있다. 또래 친구들과 무엇을 하며 어떻게 놀지, 장난감을 어떤 순서로 갖고 놀지 의견을 맞춰가는 등 놀이를 통한 협동은 아이들 놀이에서 무궁무진하게 펼쳐진다. 이런 경험들이 초등학교에서 더 깊어지고 청소년기를 통해 축적되고 확장되어야 한다. 특히 청소년기까지는 협동의 필요성에 대해 배워야 하는 중요한 시기이다.

하지만 극심한 경쟁을 부추기는 학교와 몰가치적인 주입식 교육은 초등생 때부터 친구와의 협동 활동보다는 친구에 대한 무관심과 지나친 자기애를 키운다. 청소년기로 접어들면서 경쟁의식은 자기 불안감으로 깊어가고 학교폭력으로 나타나기도 한다. 어릴 때부터 익히지 못한 협동의 경험은 성인이 되어서도 발현되지 못하며 타인과의 유대감 형성에 실패하는 등 사회 구성원으로 역할을 해야 함에도 무책임하고 무기력한 모습을 보이게 된다. 협동에 대한 인식 재고, 협동의 가치에 대한 새로운 시각이 필요하다.

맞벌이 부부가 아이들과 함께 생활하며 집안일을 할 때, 아내와 엄마를 돕는다는 생각으로 가사에 참여하는 경우가 대부분이다. 하지만 진정한 협동은 내가 객체가 되어 어떤 이를 돕는 것이 아니라 내가 주체가 되어 주어진 과제를 함께 처리해나가는 과정이다. 그렇기 때문에 협동에 따른 유무형의 결과물을 함께 공유하는 것이다. 이런 생각에서 출발하고 규정해야 갈등이 적어진다. 협동이라는 이름만 내걸고 주체적으로 참여하지 못한다면 진정한 협동이라고 할 수 없다.

협동이라고 하면 사소한 도움주기나 전통적인 방식의 역할 구분, 반드시 보상이 따르는 협업만을 생각하기 쉽다. 하지만 협동의 가치는 의외로 우리 생활 깊숙이 들어와 있으며, 사회 전반에서 광범위하게 실천되고 있다.

2003년 신당역에서 있었던 일이다. 할머니 한 분이 역 플랫폼에서 열차를 기다리다가 발을 헛디뎌 선로로 추락하고 말았다. 역사로 진입해 들어오던 열차는 급히 멈추었지만 할머니는 열차와 플랫폼 벽

사이에 끼인 채 빠져 나오지 못하고 있었다. 현장에 있던 사람들은 마치 사전에 연습이라도 한 듯 함께 힘을 합쳐 열차를 옆으로 밀기 시작했다. 한쪽으로 열차가 기울어지면서 공간이 생겼고 추락했던 할머니는 선로 위로 올라올 수 있었다. 이 사건은 신당역 CCTV가 공개되면서 알려진 뒤 뉴스로 보도되었고, 지금까지도 협동하는 시민들의 대표 사례로 언급되곤 한다.

한편으로 구급차나 경찰차가 지나갈 수 있도록 길을 터주어 '모세의 기적'이라 불리우는 훈훈한 광경들도 있다. 2017년 여름, 경남 양산의 한 산부인과에서 두개골이 골절된 채 태어난 신생아와 난산으로 힘겨워하는 산모를 부산 대형병원으로 이송해야 하는 절박한 상황이었다. 시간은 금요일 오후 7시 퇴근시간이라 도로는 차들로 꽉 막혀 있었다. 차량 정체로 꽉 막힌 도로와 백양터널 한가운데를 경찰차와 구급차가 달려갈 수 있도록 양 옆으로 차들이 빠지는 모습은 그 자체로 장관이었다. 평소라면 40여 분 걸릴 길을 10분 만에 달려 병원에 도착하였다. 이런 일련의 모습들은 우리가 부지불식간에 공동체 안에서 행하는 협동의 실천 사례이다.

협동은 이렇듯 전근대적 가치나 어렵고 일상과 멀리 있는 실천행동이 아니다. 우리가 속한 공동체와 사회 안에서 일상을 빛나게 하는 생생한 가치이다. 협동의 가치는 공동생활 속에서 자연스레 몸에 익혀야 하는 일상적인 감수성 중의 하나이며, 반드시 배워야 하는 중요한 과제이다. 협동이 이루어지는 과정에서 양보와 배려, 편견 없는 시각을 배워나가야 각자의 리더십이 발휘될 수 있다.

　또한 협동은 특정 집단, 특정인들이 참여하던 전통적 의미를 벗어나 불특정다수가 참여하여 광범위하게 이익을 누리는 활동이자 나라와 인종을 넘어 글로벌하게 진행되는 활동이라는 데 큰 매력이 있다. 세계 곳곳에서 활동하고 있는, 앞으로 활동하게 될 우리의 미래 인재들에게 협동은 반드시 익히고 배워야 할 필수 미덕이다.

# 2

## 협동의 사회적 가치

시대변화에 따라 협동의 가치가 변하고 있고, 협동심을 표현하고 실천하는 양상들도 변하고 있다. 협동은 나와는 상관없는 활동이거나 때로는 내 의사에 반해 반강제적으로 이루어지는 집단행동처럼 인식되기도 하지만, 협동이 나와 너라는 개인 사이의 실천을 넘어서서 사회 곳곳 정치, 경제, 문화, 의료, 교육 분야에 이르기까지 다양한 분야에서 새로운 형태로 나타나고 있다. 특히 협동은 사회적 연대를 통해 다각적으로 나타나고 있다.

### 1. 사회적 연대[1]의 표상

1) 사회적 연대는 사회학 용어로서 사회나 조직 내 구성원들 간 통합을 의미한다.

사회학자 에밀 뒤르케임은[2] 전근대 사회에서는 혈연과 억압을 통한 응집을 기저로 하는 기계적 연대가 형성되었다면, 근대 사회에서는 분업이 발달하고 사회 분화가 이루어지면서 사회 구성원 개인 간에 서로 의존해야 된다는 인식이 생기고 점차 중요성을 인식하게 되면서 유기적 연대가 형성되었다고 하였다. 유기적 연대는 '부르주아 계급에 대항하는 노동운동의 연대'라는 의미로 인식되었으나 현재는 노동 분야를 넘어 광범위하게 받아들여지고 있다. 우리나라에서도 각기 다른 분야에서 활동하는 시민단체들이 연대하거나 지역 공동체들끼리 연대하여 마을활성화 사업을 추진하는 등 연대활동은 폭넓게 해석되고 다양한 분야에서 행해지고 있다.

현대 복지국가 이론에 정통한 일본의 사회학자 다나카 다쿠지[3]는 20세기 초반 혁명기까지의 프랑스를 탐구하면서, 복지체제 구축에서 중요한 점은 이념이나 이론이 아니라 구성원들 간에 이루어진 토론과 합의의 과정이라고 언급하였다. 이는 일방적인 복지정책으로 인한 수혜가 아니라, 사회 전체가 합의한 복지 정책과 제도가 정립되기 위해 사회 구성원들이 과정과 결과에 대한 부담과 책임을 기꺼이 나누겠다는 연대의식이 필요하다 하였다.

시민사회가 성장하면서 사회적 연대는 소수자와 약자를 위한 복지 구축, 기존 이데올로기에 반하는 가치의 발현을 가능하게 하였다. 협

2)《사회분업론》, 에밀 뒤르케임, 2012, 사회적 연대와 분업을 관련시켜 설명하였다.
3)《빈곤과 공화국-사회적 연대의 탄생》, 다나카 다쿠지 지음, 2014

동은 승자독식의 헝거게임[4]이 지배하는 자본주의 사회에서 생명을 존중하고 인간답게 살아갈 수 있는 대안가치이다. 협동은 사회적 연대를 통해 실천되고 사회 구성원들에게 희망을 주고 있으며, 소수의 생각이 배척받지 않도록 장을 열어주기도 한다. 우리 사회에서 소수의 이익보다는 다수를 위한 분배, 소수가 주목하는 가치일지라도 구성원들에게 공유될 수 있는 터전은 협동심이다. 혼자서는 하고 싶어도 할 수 없었던 일들을 협동을 통해 실천할 수 있고, 당면한 개인적·사회적 문제들에 대한 해답을 협동을 통해 얻을 수 있다.

돈으로 계산되는 물질적 풍요로움은 분명 사람을 편하게 해주고 안락과 행복을 가져다 줄 순 있지만 인간 본연의 외로움, 나약함을 전부 덜어주지는 못한다. 특히 우리나라는 한국전쟁 이후 압축성장을 거듭하면서 인본 가치보다는 물질적 가치에 따라 살아야 하는 사회 분위기가 만들어졌다. 그 속에서 인권이나 노동 가치는 제대로 평가받지 못한 채 지금까지 왔다고 해도 과언이 아니다. 과거 소수자와 약자들은 그들의 권리를 주장하는 것이 다수에게 피해를 주는 것이라는 생각이 지배적이었다. 그러나 견고했던 그 생각의 벽에 서서히 금이 가기 시작했고, 그 벽이 문으로 바뀌고 있다. 그 변화를 가능하게 했던 것은 소수자와 약자들의 협동, 사회적 연대 행동이었다.

연대를 통한 사회적 협동 활동은 소규모 공동체에서 행해지는 활

---

4) 수잔 콜린스의 소설 시리즈 《헝거 게임 삼부작》을 영화화한 연작 시리즈이다. 치열한 경쟁을 거쳐 한 명만이 살아남는 생존 구조를 일컫는 대명사로 회자된다.

동을 넘어서 전 사회적 복지를 구현하고, 사회적 책무를 다하기 위한 활동이다. 예전에는 지역적 한계 때문에 내가 속한 소규모 공동체 구성원들이 참여하고 그들에게 이익이 돌아가며 마을의 경계를 넘지 못했지만, 이제는 협동·협업이 글로벌하게 진행되고 있다. 눈에 보이지 않는 공공의 이익, 바로 내 손에 쥐어지는 이익은 아니지만 나와 역사적·문화적으로 연결된 현재 사회 구성원들을 위해 또한 미래 세대를 위한 새로운 가치관 정립과 나눔을 위해 흔쾌히 함께 활동하겠다는 협동정신은 21세기 시민사회의 핵심 덕목이 되고 있다.

## 2. 미래의 희망 가치

실생활에서 이루어지는 협동 활동은 대개 공동체 내에서 이루어지거나 공동체를 넘어 전국적으로 행해지기도 하지만 전 세계를 아우르는 활동 또한 활발해지고 있다. 일례로 온라인 플랫폼의 발달은 기존의 상식을 뛰어넘는 협동 활동을 가능하게 하였다. 특히 현대판 두레, 키보드 두레로 불리기도 하는 해쉬태그 운동은 빛보다 빠르게 국경을 넘어 이슈를 생산하고 재생산하며 일정한 가치를 생성한다. 해시태그는 SNS에서 멘션을 작성할 때 '#샵 기호' 뒤에 자신이 공유하고자 하는 특정 단어를 쓰면, 그 단어에 대한 게시글들이 모이고 분류되는 기능이다. 이용자들은 특정 단어로 연결된 해시태그를 클릭하면 관련 멘션들을 한꺼번에 볼 수 있다. 이 멘션들을 통해 서로의 생각을 공유하고 특정 활동을 진행할 수 있다.

해시태그 운동은 해외에서 비교적 활발한데 마케팅 수단으로 이용되기도 하는 부작용과 사회문제를 해결하는 데에는 근본적인 한계를 가지고 있다는 약점이 있다. 하지만 이 운동은 비교적 간편하게 사회적 이슈에 대해 자신의 의사를 표출하고, 이를 변화의 동기로 운용할 수 있다는 데 큰 장점이 있다. 또한 온라인을 통해 유포되므로 시차 없이, 국경 없이 전 지구적으로 거대한 공감대를 만들 수 있어 플랫폼에 구애받지 않고 더욱 광범위하게 이용될 전망이다.

해시태그 운동을 대중들에게 각인시킨 계기가 있다. 2014년 여름, 근위축성흑색경화증루게릭병에 대한 관심을 부르고 루게릭 환우들을 위한 기부금 조성을 위해 시작한 '아이스버킷챌린지#IceBucketChallenge'이다. 얼음물이 가득 든 양동이를 머리에 뒤집어 쓰는 영상을 게재하면서 해시태그를 공유하는 방식으로 진행되었다. 경제인, 정치인, 연예인 등을 망라한 전 세계 유명인사들이 참여하면서 이 캠페인은 국가와 인종을 넘어 그야말로 세계적인 열풍을 불러왔다. 우리나라에서도 유명인들이 참여하여 뜨거운 관심을 받았는데, 이는 루게릭 환우를 위한 승일희망재단에 대한 후원으로 이어졌다.

이 아이스버킷챌린지 해시태그는 시사하는 바가 매우 크다. 나에게 아무런 이익이 돌아오지 않는 활동이지만 얼마나 유쾌하게 참여하고 즐길 수 있는지를 보여준 계기가 되었다. 또한 해시태그 운동은 약자들에 대한 관심, 사회문제에 대해 경각심을 불러일으킬 수 있다는 것을 보여준 좋은 사례가 되었다.

2015년 SNS를 휩쓴 해시태그 공유가 있었다. 바로 '파리를 위해 기도합시다#PrayforParis'라는 해시태그였다. 그 해 11월 파리에서 다에시 IS가 테러 사건을 저질렀다. 파리 근교 7곳에서 동시다발적으로 총격과 폭발이 있었고, 극장에서는 60여 명이 넘는 사람들이 인질로 잡혀 있었다. 이 테러 사건으로 100여 명이 사망하였으며 2건의 자살 폭탄 테러도 있었다. 이 끔찍한 테러로 인해 사망한 사람들의 명복을 빌고 직·간접적으로 고통받는 많은 사람들을 위로하며 함께 슬픔을 나누고자 '파리를 위해 기도합시다#PrayforParis' 해시태그와 에펠탑 이미지는 SNS를 통해 순식간에 공유되었다. 이후로도 불특정다수를 대상으로 한 테러로 고통받는 사람들, 천재지변으로 힘겨워하는 사람들을 위해 그 도시 이름을 단 해시태그 공유가 지금까지도 계속되고 있다.

이 해시태그 공유만으로 테러를 막기엔 역부족이고, 대형 허리케인을 막을 수는 없을지라도 온라인을 통해 서로 생각과 가치를 공유하고 함께 움직이는 것은 협동심의 새로운 발현이다. 이는 협동이 돈으로 환산되는 이익의 공유만이 아니라 치유와 위안, 평화의 상징으로 눈에 보이지 않는 가치를 함께 지키고 나누는 의미로 받아들여지는 좋은 계기가 되었다. 우리나라에서는 정치적 혼란을 수습하고 위기를 극복하기 위한 자발적 참여 형태로 진행된 해시태그들이 주목을 끌며 관심의 대상이 되었다.

세월호 침몰 사고 후 등장했던 '#remember0416'은 세월호 사건을 잊지 말자는 바람에 힘입어 해마다 온라인상에 등장하는 해시태그가 되었다. 많은 사람들의 희생을 잊지 않고 안전한 나라를 만들자는 염원이 반영된 것으로 해시태그 협동에 전환점이 된 중요한 단어로 평가받고 있다.

2016년 국정농단의 주역인 최순실을 구속하자는 '#나와라최순실, #그런데최순실은'이 있다. 이 해시태그는 트위터 뿐 아니라 페이스북, 인스타그램 등 온라인 매체를 휩쓸었고, 오프라인에서도 큰 호응을 얻었다. 이 해시태그는 당시 대한민국의 현주소, 국민들의 현실인식 정도를 적나라하게 보여주는 지표로서 온라인 시민혁명으로 평가받고 있다.

이외에도 다수의 힘을 모으고 사건에 대한 경각심을 불러일으키기 위한 해시태그 운동도 있었다. '#영화계_성폭력'과 같은 해시태그는 영화계의 성폭행이 오랜 관행이 아니라 악습이라는 인식을 심어준 계기가 되었다. 헐리우드 배우들이 먼저 시작을 했지만, 우리나라에서도 만만치 않은 파장을 일으키며 문단, 직장 등으로 분야를 옮겨 진행되고 있다. 또한 기업의 부도덕한 행위, 하청업체에 대한 갑질등에 대한 경고의 의미로 특정 기업에 대한 불매운동이 해시태그를 타고 번지기도 하였다.

우리나라에서 주목할 만한 해시태그 운동 중 하나로 여성단체가 연대하여 진행한 '#나는페미니스트입니다'가 있다. 2015년 시작된 이

운동은 페미니즘에 대한 긍정, 부정의 평가가 팽팽한 우리 사회에서 페미니즘에 대한 학문적·사회적 관심을 끌어내 수면 위로 올려 놓아 사회에서 회자되는 담론이 되도록 하였다.

　해시태그를 가능하게 했던 온라인 플랫폼이 없었다면, 불특정다수가 자신의 목소리를 내는 협동심을 발휘하지 않았다면 해시태그운동은 성공하지 못했을 것이다. 해시태그 운동은 견고한 기존의 이데올로기를 의심하게 하고, 고민하게 하며, 새로운 담론을 형성하게 하였다. 이는 기부금 모금운동을 벌이기도 하고, 당면한 사회문제를 해결하며 같은 시대를 살아가는 우리 스스로를 위무하고자 하는 마음을 반영한 것이다. 이 마음은 너와 나는 함께 숨쉬고 함께 살아가는 평등한 인간이고, 우리 인간은 함께 도우며 살아야 한다는 깨달음에서 온 것이다. 해쉬태그 운동은 협동심의 발현이자 사회 구성원들이 당면한 문제를 해결하고자 하는 연대의 한 상징이라 할 수 있다.

# 3

## 협동조합 운동[5]

협동조합 운동은 사회적 협동, 사회적 연대의 표상이라 할 수 있다. 우리나라에서는 2012년 12월 협동조합기본법이 시행되어 오늘에 이르고 있다. 현행 협동조합법에 따르면 조합원 5명 이상이면 누구나 협동조합을 만들 수 있다. 우리나라에는 1만 개가 넘는 협동조합이 있고, 그 종류도 너무나 다양하여 동네 반찬 가게, 택시 회사, 학교협동조합, 동네 가방공장모임 등 일일이 열거하기도 힘들 정도이다.

협동조합은 조합원들이 현재 자기의 자리에서 자신이 할 수 있는 일을 통해 협동하고, 이익을 나누며, 사회에 공헌한다는 점에서 적극적인 협동 행위로 여겨진다. 자발적으로 결성된 조직이라는 점에서

---

5)《협동조합은 어떻게 세상을 바꾸는가》, 존 레스타키스 지음, 착한책가게 옮김, 착한책가게, 2017.《칼 폴라니, 새로운 문명을 말하다》, 칼 폴라니 지음, 홍기빈 옮김, 착한책가게, 2017.

특히 그렇다.

협동조합은 주주가 아닌 조합원이 주인이며, 지분거래가 불가능하다는 점에서 주식회사와는 성격이 완연히 다르다. 또한 조합원 모두가 가진 1인 1의결권을 소유하기 때문에 평등한 의결, 다수의 평등한 지배가 가능하다. 또한 조합원이 선출한 이사회가 경영을 책임지므로 투명한 경영이 이루어질 수 있다. 주식회사가 갖는 사회적 폐단에 반하는 구조와 수익처분 제도 등은 대자본의 횡포를 막아주고 개인의 경제적 활동을 지원해줄 수 있는 사회적 시스템으로 평가받고 있다.

전 세계는 불황에 시달리고 있고, 생존을 위협하는 열악한 주거 환경과 교육기회 박탈 등으로 고통받으며, 삶과 생존을 위협당하고 있다. 경제 위기가 일상생활의 근간을 흔드는 시대에 협동조합운동은 새로운 삶의 가치가 되고 있다.


## 1. 대를 잇고 일상을 지탱하는 협동조합 이야기

우리에게 익숙한 협동조합으로는 농업협동조합, 축산업협동조합 등 역사가 오래되어 일상에 뿌리내린 것도 있고, 재개발건축조합처럼 한시적으로 운영되는 조합들도 있다. 지역 공동체 내에서 구성원들의 권익을 향상시키고 지역사회에 공헌하는 사업조직인 협동조합은 의료계, 교육계, 농·공업, 취미 등 다양한 분야에서 조직되는데, 협업의 개념이 지역 공동체 안에서 제대로 실현되고 있는 가장 적절하고도 좋은 예라고 할 수 있겠다. 지역 공동체 구성원들의 소속감 증대, 만족 감과 행복지수 증가 등의 심리적 효과 외에도 경제적인 측면에서 초 과 이익 나눔을 통한 경제적 안정감 증대도 큰 장점으로 꼽힌다.

특히 공익적인 가치와 목적을 더 강조하는 사회적 협동조합의 탄 생은 협동조합 활동을 한 단계 끌어올리고 있다. 협동조합으로 출발 했지만 사회적 협동조합으로 조직을 탈바꿈한 의료협동조합들이 있 다. 사회적 협동조합이 된 의료조합들은 의료 시장 개방에 따른 새로 운 패러다임, 새로운 서비스 제공이라는 측면에서 대안으로 제시되 기도 한다.6)

한 지역의 제과점협동조합은 지역을 기반으로 장사를 해오던 10개 의 영세제과점이 모여 결성된 것으로, 대형 프랜차이즈 제과점의 독 과점에 맞서 동네 빵집이 살아남을 활로를 모색하고 있다. 이 제과점 협동조합은 지역에서 재배되고 생산되는 로컬푸드를 이용하여 제품 을 만들고, 지역색을 반영한 개성있는 제품을 개발하는 등 철저하게 지역을 중심에 두고 운영한다.

또한 공동판매장을 통해 거둬들이는 이익은 함께 나누고 지역사회 로 환원하기도 하는데, 지역의 장애청소년들에게 제과 · 제빵 교육 을 실시하고 봉사활동도 하고 있다.7) 우리 동네 사정이 어떤지, 이웃

---

6) 안산의료복지사회적협동조합
7) 울산제과점협동조합

집 제빵사 아저씨가 어떤 빵을 가장 잘 만드는지, 울산의 명물이 무엇인지 알 수 없는 대형 프랜차이즈는 결코 해낼 수 없는 지역사랑을 협동조합원들은 실천하고 있다.

지역에서 버려지는 폐자원을 활용해 제품을 만들어 중소도시를 살리기에 일조하는 협동조합도 있다. 전북의 한 협동조합은 폐지를 한지로 복원하여 지역 전통의 명맥을 잇고, 한지 제품 판매를 통해 지역의 경제적 자립도를 높이고 있다. 협동조합 활동이 지역을 떠났던 젊은이들이 지역으로 돌아와 일을 하고 지역에 뿌리내릴 수 있는 기반이 되기도 한다.[8] 이렇게 되면 협동조합 활동이 발기인 중심의 활동에서 벗어나 조합원을 늘려가면서 대를 이어갈 수 있는 단초가 될 수 있을 것이다. 협동 활동은 새로운 세대에게 대안의 가치, 경제적 기반이 될 수 있으며, 자본이 일방적으로 강요하는 획일화된 노동자의 모습을 탈피하고 조직 안에서 죽어가는 개인의 장점이 최대한 발휘될 수 있는 터전이 될 것이다.

외국 협동조합의 경우, 설립 목적이나 운영방식에 있어 참고할 만한 좋은 사례들이 많다. 스페인 축구의 명가 'FC 바르셀로나'는 축구팬들이 자발적으로 출자해서 만든 협동조합이다. 이 조합은 1899년에 설립되었으며, 세계 최초이자 최대 규모의 스포츠 협동조합으로 유명하다. 자신이 정말 좋아하는 취미를 그저 즐기기만 하는 것이 아니라 사람들을 규합하여 조합체로 탄생시킨 예는 참으로 흥미롭다.

---

8) 협동조합온리 'coop 협동조합, Korea Cooperatives' 홈페이지 소개 내용 참고.

협동조합을 통해 선수들이 행정 및 관리 업무도 직접 수행하고 있으며, 투명한 운영과 회원 대우를 위해 옴부즈만 제도를 실시하고 최근에는 자선 단체도 설립하였다.

협동조합의 위력은 상당하여 우리의 일상을 지배하기도 한다. 스위스에서 슈퍼마켓으로 유명한 미그로스MIGROS를 예로 들 수 있다. 1925년 커피, 쌀, 설탕, 비누 등 생활필수용품을 트럭에 싣고 다니며 팔던 사기업에서 출발하였는데, 중간 유통과정을 줄여 경쟁사보다 40%이상 저렴하게 물건을 팔면서 유명해졌다. 1941년 자본의 병폐 중 하나로 꼽히는 과다한 유통단계와 높은 유통마진, 유통업자의 횡포를 줄이기 위해 협동조합 미그로스로 재탄생하였다. 현재 인구의 1/4이 넘는 200만 조합원을 보유하고, 스위스 전역에서 600여 개의 미그로스 슈퍼마켓을 운영하고 있다. 이 미그로스는 스위스인들의 일상에 깊게 뿌리박고 있으며, 미그로스가 없으면 일상생활이 불가능하다는 평가를 받을 정도로 성장하였다.

미그로스의 성공 사례를 보면 협동조합이 자본주의의 대안으로 가능하다는 희망을 갖게 한다. 우리나라에도 농산물과 생필품을 판매하는 협동조합이 있고 성장을 거듭하고는 있지만, 대기업이 장악한 소비 패턴과 욕구를 대체하기는 아직 역부족으로 보인다. 하지만 우리나라에서 김장철만 되면 관련 농산물 대란을 일으키는 주범 중 하나로 지목되는 유통업자의 횡포에 맞설 수 있는 좋은 본보기로 여겨진다.

## 2. 협동조합의 미래

현재 협동조합은 종류도 다양하고 운영 형태도 제각각이다. 협의회도 있고 지역 협동조합에서 사회적 협동조합으로 탈바꿈하기도 한다. 협동조합은 전통적인 협동의 개념이 사회구조 변화에 적절하게 대응하고, 현대사회가 요구하는 패러다임에 맞는 최상의 협동, 협업의 산물로 평가받고 있다. 협동조합을 통해 각 개인이 지향하는 가치와 부합하는 일을 할 수 있고, 역량을 발휘할 수 있는 기회를 제공받을 수 있다.

이런 일련의 과정은 자본이 요구하는 기존의 가치관을 따르지 않아도 사회 구성원으로서 제 몫을 할 수 있다는 긍정심리를 만든다. 흔히 말 잘듣고 공부 잘하는 1등이 사회를 이끌어갈 수 있다는 굳건한 믿음이 진리가 아니라는 것을 반증하고 있다. 협동조합 활동은 단순히 지역 경제를 살리고, 새로운 형태의 일자리 창출이라는 눈에 보이는 성과 외에 지배 이데올로기에 반하는 다양한 가치가 평가받고 인정받을 수 있다는 것을 보여주고 있다는 데에도 큰 의미가 있다.

무엇보다 개인의 고립과 소외가 심화되는 사회에서는 협동조합을 통한 연대, 협업 과정을 통해 소외감을 해소할 수 있다. 끊임없는 경쟁에서 잠시라도 벗어나 생활 속에서 협동하는 법을 배우고 실천하며 서로 간에 맺어진 유대의식, 지역에 대한 소속감 등은 개인의 고립을 해소할 수 있는 대안가치가 되고 있다.

협동조합이 자본주의의 모순을 해결할 수 있는 하나의 대안으로 제시되면서 현대사회에 더욱 필요한 협동활동이 되고 있는 것이다.

협동조합 활동은 협동조합 간의 연대, 네트워크 활동을 통해 사회 모순을 해결하는 활동으로 한걸음 나아가게 될 것이다. 현재도 조합들 간에 네트워크가 이뤄지고 있지만, 특정 분야에서 활동하는 협동조합들이 연대하여 협의체를 만들고, 그 협의체 이름으로 수익활동도 병행함으로써 활동의 기반을 단단히 다지고 있다. 조합들 간의 연대는 기존 공교육 제도에 맞서는 새로운 교육방식 제시, 환자가 중심에 서는 의료, 사람 몸을 살리는 먹거리 등 다양하다. 같은 분야 간의 연대 뿐 아니라, 청년과 학생이 연대하고, 지역을 기반으로 하는 협동조합들이 연대하여 그 지역의 각종 현안들에 대한 해답을 제시하기도 한다.

이렇듯 협동조합 활동은 조합원으로 활동하느냐 안 하느냐 하는 개인의 선택과는 무관하게 미래 경제를 이끌어갈 새로운 패러다임이 될 것이다. 이렇게 협동조합 활동이 가능할 수 있는 바탕에는 전통적인 두레, 향약의 협동 정신과 인도주의를 지향하는 제반 가치들이 살아 있기 때문일 것이다. 또한 시민이 권력의 주체가 되는 시민사회의 발전과 더불어 협동조합 활동은 더욱 활성화 될 전망이다.

# 4

## 협동 교육

### 1. 협동을 주입하지 말라

협동심은 어릴 때부터 자연스럽게 익혀나갈 수 있는 생활 감수성이다. 하지만 아이들이 협동보다는 경쟁에 먼저 노출되는 현실에 비추어보면 그 감수성을 익히기는 쉽지 않아 보인다. 우리 주위를 둘러보면 자기 욕심에 얽매이지 않고 양보하며 협동작업을 유난히 잘 해나가는 사람이 있다. 그 사람을 보며 '협동심도 타고나는가 보다'라고 말한다.

그렇다면 협동심은 정말로 타고나는 것일까? 물론 뛰어난 공감능력을 타고나는 사람들도 있지만 결론부터 말하자면, 협동심은 어릴 때부터 보고 듣고 배우고 익혀야 하는 감정이자 능력이다. 사회적 감수성, 대인 감수성이 저절로 길러지지 않듯이 협동심 역시 마찬가지이다. 어릴 때부터 유치원과 학교 등 공교육 현장에서 협동 놀이를 통한 과제 완수, 모둠 활동과 과제 분담을 통한 상호 이해와 존중, 자기 역할 인식 등을 통한 협동심 고취라는 어려운 과정이 있어야 한다. 하지만 교육현장에서 협동심을 바탕으로 한 교육이 제대로 이루어지기가 쉽지 않은 것이 사실이다.

급변하는 환경 속에서 청소년들은 부모 세대와는 완전히 다른 물리적 경험을 하고 있다. 학교에서는 조별 과제를 통한 협동심을 배우지만 이 과제를 수행하는 학생은 결국 한두 명에 그쳐 협동이라는 가치를 제대로 실천하지 못하는 경우가 많다고 한다. 초등학교까지만 해도 교실 안에서 활동이 이루어지는 경우가 대부분이어서 지도 교사가 의견 조율 과정에 개입할 여지가 많고 원활히 이루어지기도 한다. 하지만 중학교 교실부터는 상황이 달라진다. 과제 제시 후 결과물 도출까지 학교 밖에서 이루어지는 경우가 많아 학생 당사자들 간의 의견 조율과 실행이 더 중요해지고, 학교 안에서는 결과물에 대한 평가가 이루어진다. 이 조율 과정에서 아이들은 의견불일치를 겪으며 서로 다투거나 외면하는 등 심각한 갈등상황에 직면하기도 한다.

협동은 정확히 자기 능력을 인식하는 데서 출발하여 상호 존중과 상호 의존 등 활동 구성원들 간에 연대감을 확인하고 이를 바탕으로 목표한 과제를 수행하는 것이다. 하지만 아이들은 서로 의견을 조율하는 과정에서 양보하거나 자기를 주장하는 그 과정을 견디지 못하고 심지어 자기 이름을 빼달라고 하기도 한다. 점수가 결부되어 있다 하더라도 그건 대수롭지 않은 것이다. 결국 남겨진 학생들만 힘들게 과제를 수행해 나가게 되고, 평가에 협동 과정을 반영하여 중도 탈락한 학생은 영점 처리를 하기도 한다. 이렇게 되면 협동이라는 무형의 가치를 실천하는 과정에 대한 이해 부족은 학생과 교사 모두에게 유쾌하지 않은 경험으로 남게 된다.

온라인 커뮤티니에 대학생들의 조별 과제와 관련하여 참여하지 않고 무임승차하려는 상대와 격하게 다투는 문자메시지 내용이 올라오기도 한다. 이 메시지에 많은 사람들이 함께 격분하거나 공감하며 인기글이 되기도 한다. 그만큼 조별 과제 수행을 위한 협동 과정이 힘들고 피하고 싶은 경험이라는 의미로 해석할 수 있다.

하지만 학교 과제나 학점 취득을 위한 조별 과제, 회사 내 프로젝트 수행이 아니라 동아리 활동 등 취미 공유 커뮤니티를 통해 해결해야 할 과제는 대체로 잘 해낸다. 자신의 관심사에 따라 구성원들의 반응이 극과 극으로 나뉘는 것이다. 이 경우를 어떻게 해석해야 할까? 자기 하고 싶은 것만 하겠다는 이기심이 결국은 협동 과제를 엉망으로 만드는 근본 원인이 되는 있는 것은 아닐까? 이런 현상은 사회 내 곳곳에서 늘 반복된다. 일상적으로 이루어지는 협동이라는 가치가 훼손되고 실천하기 귀찮은 가치가 된 것이다.

또 다른 예로 토론문화를 들 수 있다. 토론은 공통의 과제를 놓고 서로 의견을 개진하고 논의를 발전시켜 나가는 과정에서 상대를 인정하는 마음과 태도를 배우는 것이다. 이 토론 과정 역시, 협동의 또 다른 형태라 할 수 있다. 하지만 현장에서 이루어지는 주입식 교육은 토론의 활성화를 막는 가장 큰 장애물이다. 담당 교사의 의견에 대해 다른 견해를 내세우며 질문하거나 학생들 간에 토론 자체를 즐기는 성숙함은 찾아보기 힘들다. 특히 제대로 된 토론은 어릴 때부터 경험해 보지 못한 낯선 문화적 경험이다. 우리 문화에서는 공개적으로 상대방의 의견에 토를 달거나 소수 의견을 피력하는 경우, 점잖지 못하거나 성격이 까다로운 사람의 불만 정도로 치부하기도 한다. 특히 직장 내에서 상사의 의견에 반대의견을 제시하기는 더욱 어렵다. 결국 책임은 상사가 지는 것이라는 인식이 팽배한 탓도 있을 것이다.

하지만 이런 경직된 사회 풍토 속에서 협동은 목표를 달성하기 위한 복종, 자기희생 등의 부정적 정서와 결부되는 경우가 많다. 협동을 통해 과제를 수행하는 과정에 상호 갈등은 필요불가결한 요소인지도 모른다. 자기 의견을 활발하게 피력하고 타인의 의견에 존중을 표하는 긍정적 피드백을 나누는 훈련은 학령기 아동뿐 아니라, 성인이 되어서도 늘 훈련하고 익혀야 하는 가치이다. 협동 학습은 생활 속 실천뿐 아니라 나아가 사회 구성원으로서 상호 작용하고 상호 연대함으로써 미래 사회를 이끌어 갈 세대에게 반드시 필요한 교육이다.

## 2. 협동교육의 새 틀거리를 보여주다

기존 공교육 체제의 모순을 딛고 새로운 교육방식을 제시하는 대안교육 현장에서도 협동은 반드시 학습해야 할 중요한 가치이다. 특히 온라인 협동 학습은 새로운 협동 작업의 한 방식으로 주목받고 있다. 온라인 협동 학습은 말 그대로 얼굴을 직접 마주하지는 않지만, 어떤 사안에 대해 함께 학습해 나가며 피드백하고 상호작용해 나가는 형태이다. 그 예로 온라인 기반의 백과사전 위키피디아wikipedia를 들 수 있다. 위키피디아는 우리 모두의 백과사전을 모토로 2001년에 시작되었는데 파급효과는 기존 백과사전에 버금간다. 위키피디아는 누구나 편집에 참여할 수 있도록 다중 언어를 베이스로 하기 때문에 지역 장벽이 없다. 위키피디아는 시작 이래 대표적인 집단 지성 활용 사례로 평가받고 있다.

위키피디아의 가장 큰 장점은 말 그대로 위키하와이어로 '빠르다'는 뜻이다한 내용 업데이트에 있는 만큼, 새로운 사실에 대한 수정, 첨삭이 즉각적으로 가능하다. 또한 한 가지 사실에 대한 다양한 의견들이 웹상에서 자유롭게 공유되는 데 있다. 사용자 토론을 통해 활발한 의견 개진과 공유가 가능하여 각국 지성들의 다양한 목소리를 들을 수 있는 열린 광장 역할을 톡톡히 하고 있다.

위키피디아는 한 명의 리더십 아래 일사분란하게 일을 처리하는 기존의 협동방식을 완전히 부수었다. 익명의 전문가들이 자발적으로 참여하고, 스스로 리더십을 발휘하여 글을 작성하고 공유한다. 내가 오늘 쓴 글을 내일 다른 사람이 고치고 ,그 글을 또 고쳐나가며 완성을 향해 나아간다. 디지털 세대를 위한 디지털 플랫폼에 가장 적합한 협동작업의 한 형태라고 할 수 있겠다.

실제 학생, 학부모 등이 이용하는 온라인 협동 학습CSCL : Computer-Supported Collaborative Learning은 우리 실생활과 좀 더 가깝다. 온라인상에서 이루어지는 협동학습에 참여하는 구성원들은 지식공동체원으로서 상호 작용을 통해 폭넓은 지식을 다룰 수 있으며, 구성원들 간의 연대감, 소속감을 통해 학습 욕구가 향상되어 좀 더 명확한 결과를 얻을 수 있다. 온라인 학습을 위한 다양한 수업 모형과 소프트웨어들이 있는데, 이를 활용한 교육 후 온라인을 통한 나눔까지 활동 영역이 깊어질 수 있다.

# 5

## 너와 나를 잇는 연대의 끈

실생활에서 이루어지는 협동 활동은 우리 삶과 밀접한 분야에서 광범위하게 이루어지고 있다. 특정인들이 특정한 목적을 달성하고 금전적 대가를 포함한 유형의 대가를 나누기 위한 활동도 있지만, 아무런 이익을 바라지 않고 사회적 이슈에 응답하고 소수자와 약자의 목소리에 힘을 보태고 지위 향상 등을 위해 불특정다수가 힘을 모으기도 한다.

특히 온라인에서 보여지는 협동 활동은 대면해야 하는 부담이 없기 때문에 덜 힘들게 느껴지고, 세대와 인종을 초월하기 때문에 훨씬 더 다양하게 펼쳐지며, 이슈에 따라 높은 집중력과 결집력을 보인다. 그리고 자발적이라는 큰 특징을 지닌다.

대표적인 예로 온라인을 통한 모금 활동인 크라우드 펀딩crowd

funding을 들 수 있다. 크라우드 펀딩은 사회 구성원들이 특정 목적을 이루기 위해 소액의 돈을 모금하는 활동이다. 돈을 모금하는 이유와 목적은 다양하다. 대형 영화제작사들이 외면하는 독립영화를 제작하고, 소수의 개성과 생각을 엮어 책을 만드는 데 투자하며, 콘텐츠를 개발하기도 한다. 또 개발도상국가의 교육사업과 인권운동, 병원 설립 등을 지원하기도 한다.

투자자가 해당 기업의 주식을 받는 등 금전적 보상이 따르는 크라우드 펀딩은 스타트업 기업 후원으로 이어지기도 한다. 기업들은 크라우드 펀딩을 통해 받은 투자금으로 사업을 성공시킨다. 첨단 IT 관련 제품부터 자동차, 생활용품, 농산물의 경우 대기업에서는 해낼 수 없는 상품 개발, 농업 기술 개발 등 많은 분야에서 소기의 성과들을 거두고 있다.

이러한 크라우드 펀딩 활동은 협동가치를 실천한다는 면에서 보면 전통적인 두레나 향약의 정신을 떠올리게 한다. 한 마을 사람들은 펀딩 주체가 지향하는 가치에 동의하는 참가자들로 대체할 수 있고, 너와 내가 번갈아 가면서 일을 해주는 행위는 펀딩 참여에 따른 유무형의 이익 공유로 대체할 수 있다. 이렇듯 새로운 형태의 협동은 그 어떤 활동보다 자발적이며 주체적이다. 자발적으로 참여한다는 건 자신이 원하는 것이 무엇인지를 잘 알고 있다는 뜻이다. 또한 자신의 욕망 실현을 위해 기꺼이 남과 손을 잡고 협동한다는 것이다. 이는 역설적으로 협동이 남을 돕는 행위가 아니라, 결국 나를 더 행복하게 하는 활동이 되는 셈이다. 서로가 서로를 위해 존재하고 서로가 서로에게 구원이 되는 시대에 우리가 협동을 망설여야 할 이유가 있을까?

■ 참고문헌

·《사회분업론》, 에밀 뒤르케임 지음, 민문홍 옮김, 아카넷, 2012
·《빈곤의 공화국-사회적 연대의 탄생》 다나카 다쿠지 지음, 박해남 옮김, 문학동네, 2014
·《협동조합은 어떻게 세상을 바꾸는가》, 존 레스타키스 지음, 착한책가게 옮김, 착한책가게, 2017.
·《칼 폴라니, 새로운 문명을 말하다》, 칼 폴라니 지음, 홍기빈 옮김, 착한책가게, 2017.

# 9장

# 효,
# 새로운 시대의 섬김

박입분

# 1

## 효의 의미

전통적으로 ' '효孝'는 보본의식報本儀式에서 출발한다. 즉 자신에게 생명을 준 근본에 대한 보답이라는 뜻으로 살아 계실 때는 물론이고 돌아가시고 난 후에도 정성껏 음식을 만들어 제사를 받드는 것까지 효도라고 하였다.

보본의 으뜸은 나에게 생명을 준 부모라는 사실을 잊지 않는 것이다. 나라는 존재를 가능하게 한 사람은 부모이기 때문이다. 생명을 준 부모를 섬김에 있어 공자는 "사람 몸과 털과 피부는 부모에게서 물려받은 것이니, 함부로 손상하지 않는 것이 효의 시작이다身體髮膚 受之父母, 不敢毀傷, 孝之始也"[1]라고 하였는데, 여기에서 '신체발부 수지부모'라는 말이 비롯되었다. 이에 나아가 입신양명立身揚名하여 이름을

---

1) 효경(孝經), 개종명의장(開宗明義章) 제1장.

날리고 가문을 빛내며 부모를 드러내는 것이 효의 끝이라 하였다. 또한 효는 국가로 확대되어 임금을 섬기는 충忠의 개념까지 아우르고 있다.

공자는 진정으로 부모를 공경하는 마음이 없이 그저 물질적인 봉양만 하려고 한다면 이는 효도가 아니며, "자기가 아끼는 개나 말에게 잘 먹이고 잘해 주는 것과 무슨 차이가 있겠는가?"라고 설파하였다. "자식들이 부모님의 고생을 대신하고, 맛있는 음식과 술이 있다면 부모님께 먼저 드리는 것이 진정 효라고 생각하는가?"라고 제자들에게 물으면서 참된 '효'란 공손하게 웃는 얼굴빛을 부모에게 보이는 것이라고 강조하였다. '돈 없으면 효도도 없다'는 우리의 그릇된 생각을 부끄럽게 만드는 담백하고 명쾌한 정의라 할 수 있겠다. 물질을 앞세우지 않고 부모의 마음을 편안하게 해드리고 지극히 공경하는 마음의 표현이라고 한 것이다.

효는 배려, 협동, 예절, 정직, 소통, 존중, 책임과 더불어 인성 8대 덕목 중의 하나로 꼽는다. 핵가족을 넘어 1인 가구가 전체 가구 수의 절반이나 되는 요즘 시대에 전통적인 효의 개념, 자식이 부모의 여생을 봉양하는 방식의 효 개념은 맞지 않을 수도 있다. 공자가 설파한 효 개념이 시대가 변하면서 공허한 외침, 추상적인 정의에 불과한 낡은 개념이 되어 버린 것이다.

효가 이렇듯 현대사회에서 받아들이기 힘든 개념이 된 데에는 자본주의 경제 발달에 따른 가부장제에 대한 인식 변화, 부모·자식 간 전통적 관계 형성에 대해 새로운 개념 제시, 전통적 성 역할 재고 등 가정과 사회 전반에서 비롯된 여러 이유가 있다. 또한 부모 모시기, 제사 등 부모 세대에서 행해오던 기본적인 효행의 실천 영역이 어느 샌가 갈등의 원천이 되고 있을 뿐만 아니라, 더 이상 개인의 실천 영역으로 남겨 두어서는 안된다는 인식이 팽배해지고 있다.

신체발부 수지부모가 부모에게서 물려받은 능력 DNA로 대체되고, 한 가족이 처한 사회 · 경제적 배경이 계급으로 고착되면서 부모에게서 열등한 형질을 물려받아서 이렇다느니, '흙수저 계급은 이번 생은 포기하는 것이 깔끔해'라는 말이 회자될 정도로 자신의 출신 배경에 대한 자조가 사회에 만연하다. 이에 더해 효행을 실천하는 데 물질이 우선되어야 한다는 생각을 이용한 효도상품들이 쏟아지고 있다. 효도여행을 비롯한 각종 효도 상품들, 디너쇼 등 다양한 종류의 상품에 자식들은 부담을 느끼기 마련이다. 어려운 형편에 부모님의 체면을 세워주고자 아등바등하는 자식들, 또 등골이 휘는 줄 알면서도 자식의 성화에 못 이겨 혹은 자식의 체면과 만족을 위해 고군분투하는 부모들. 이들은 보이지 않게 서로가 서로를 갉아먹으며 살아가고 있다.

효는 전적으로 개인의 선택에 의한 실천 행위이며 가족구성원 간에도 강요할 수 없고, 법으로 강제할 수 있는 의무사항은 더욱 아니다. 그렇다면 효는 시대에 맞지 않으니 폐기처분해야 하는 관념이 되어 버린 것일까? 효행은 더 이상 이 사회에서 불필요하고 거추장스러운 실천 영역으로 추락해 버린 것일까? 그렇지 않다. 효는 우리를 마지막까지 무너지지 않게 해주는 최후의 보루와도 같은 감정이다.

효를 부모·자식 간 관계 형성에 기본이 되는 상호 섬김의 덕목으로, 개인의 실천 영역을 넘어 사회 구성원들 사이에서 받아들여지고 함께 행해져야 하는 사회적 섬김으로, 국가가 책임지고 개인의 효행을 거들며 개인과 국가가 함께 받드는 구조적 섬김으로 나아가야 한다. 전통적 사상과 변화하는 시대 사이의 간극을 메울 수 있는 힘은 지역 공동체, 나아가 사회 전체가 함께 나서는 공적 제도로 섬김이 자리잡아야 가능해진다. 이 섬김은 기성 세대에 대한 존중의 의미이자, 사회복지 실현 정도를 가늠할 수 있는 척도가 된다.

효란 단순히 한 집안의 부모 자식 사이에 일방적으로 발생하는 유교관념이라는 전통적인 개념의 틀을 부수어야 한다. 효는 개인의 섬김을 넘어 사회적 섬김, 세대 간의 갈등을 극복할 수 있는 새로운 관념으로 주목받고 있다. 특히나 자식들과 교류하지 않는 독거 노인들이나 경제적으로 극심한 어려움에 처한 소외 계층의 어르신들을 위한 사회적 섬김이라는 의미의 효는 점점 더 중요해지고 있다.

십년 이내에 고령화를 넘어 초고령화 사회로 진입할 것이라는 전망이 우세한 가운데, 이 사회적 섬김으로서의 효도는 사회적 담론으로 다루어질 필요가 있다. 특히 지역 공동체 안에서 이 개념이 어떻게 정착되고 실현될 수 있을지 심도 깊은 논의가 필요하다. 지역별로 경제 편차가 크기 때문에 국가보다는 지역 공동체가 담론의 중심이 되어 지역 내 돌봄이 필요한 어르신들을 살펴야 한다. 사회가 돌봐야 할 그 어르신은 얼굴도 모르는 누구이기도 하지만 바로 내 부모이기도 하기 때문이다.

# 2

## 공동체와 효행 의식

유교 이념을 바탕으로 한 가부장제 사회에서 효는 과거에 급제하여 가문을 빛내고 부모 얼굴을 세우는 입신양명立身揚名을 개인이 실천할 수 있는 최고 덕목으로 여겼다. 대를 이을 자식이 가문을 바로 세우는 일은 먼 조상에게도 효를 다하는 영예로 생각하였다. 하지만 이러한 효 개념은 계급에 따라 상당히 다르게 받아들여졌다. 권세가에서는 입신양명이 최고의 가치로 받아들여졌다면, 서민 가정에서는 꿈도 꿀 수 없는 가치였다.

효라는 이데올로기는 계급에 따라, 사회에 따라 다르게 해석되었지만, 자식의 희생이 뒤따랐던 이야기들은 언제나 효행의 좋은 본보기로 지금도 회자되고 있다. 우리가 익히 잘 알고 있는 설화 역시 예외가 아니다.

## 1. 효녀 심청과 공양미 삼백석

어려서부터 듣고 자랐으며, 지금도 동화책이나 그림책으로 꾸준히 재생산되는 효행의 상징으로 십대 소녀 심청이를 빼놓을 수 없다. 출산 과정에서 어미를 잃은 심청이는 아비가 집집마다 동냥젖을 얻어 먹이며 길렀다. 심청이는 어릴 때부터 눈도 보이지 않는 아버지가 자신을 키우며 겪었던 온갖 고초를 보며 자랐다. 그런 이유인지 어릴 때부터 효성이 지극했던 심청은 눈 먼 아비에게 밝은 세상을 보여 주겠다는 소원 아닌 소원을 품었다.

심청은 쌀 삼백석을 절에 시주하면 아비가 눈을 뜰 수 있다는 말을 듣고 인신공양을 위한 제물로 스스로를 팔고 공양미 삼백석을 대가로 받는다. 심청이 거친 바다 인당수를 잠재우기 위해 살아 있는 제물이 되었지만 아비는 바로 눈을 뜨지는 못한다. 하지만 죽을 고비를 넘긴 심청은 왕비가 되고 아비는 우여곡절 끝에 심청과 재회하며 눈을 뜨고 행복한 노후를 보낸다.

이 얘기를 요즘 아이들은 말도 안되는 얘기라며 반박한다. 아무리 효녀라도 자신이 죽을 수는 없으며 단호하게 '난 싫어'라고 말하는 아이들이 대부분이다. 자식은 부모의 내리사랑을 결코 이길 수 없는 법이니 당연한 결과라 생각된다.

이야기를 표면적으로 받아들이면 참으로 받아들이기 힘든 죽음과 희생이 효도의 핵심인 것처럼 보인다. 또한 심청이가 신분상승하여 왕비가 되지 않았다면 아비는 영영 눈을 못떴을지도 모른다는 생각을 하게 되면 역시 효도도 돈과 권력이 있어야 수월해지는구나 하는 생각을 하지 않을 수 없다. 하지만 이야기를 좀 더 들여다보면 하층민으로 힘겹게 살아가던 심청과 아버지의 사정, 아버지를 향한 심청의 안타까운 마음과 어쩔 수 없었던 선택, 맹인과 어린 소녀가 힘겹게 살아갈 수밖에 없었던 당시의 시대상까지 다양한 모습을 볼 수 있다.

심청이는 부모님이 돌아가시기 전에 자식이 먼저 죽는 것은 극심한 '불효'라는 것을 알고 있다. 하지만 아버지의 삶이 지금보다 더 행복해질 수 있다면 자신은 기꺼이 희생할 수 있다는 마음, 그 간절함이 있었다. 심청은 이 간절함이 얼마나 대단했던지 왕비가 된 후에도 식음을 전폐할 정도로 아버지에 대해 걱정했다. 시대를 막론하고 이런 간절함은 부모에게 뿐만 아니라 자식에게도 있다.

부모의 눈을 뜨게 해주고 싶다는 심청의 마음과 부모가 경제적으로 풍족하게 살며 더 이상 고생하지 않았으면 하는 이 시대 자식들의 마음. 이 둘을 다르다고 할 수 있을까? 심청의 목숨을 건 희생이 아니라 아비를 향한 인간적인 안타까움, 사랑에 주목한다면 심청 이야기가 새롭게 다가올 것이다. 심청의 효심은 과거에 박제된 죽은 감정이 아니라, 지금 우리에게도 살아 숨쉬는 생생한 감정이기 때문이다.

## 2. 불효의 아이콘 청개구리

"이런게 불효야. 엄마 말 안 들으면 청개구리처럼 된다"며 아이들에게 심심찮게 들려주던 청개구리 이야기가 있다. 어린 아이들은 이 이야기를 듣고 울음을 터트리기도 하고 무서워하기도 했다. 엄마의 죽음이라는 상상도 못한 설정이 이야기에 등장하기 때문일 것이다.

엄마의 말이라면 무조건 거꾸로 하고 보는 청개구리가 있다. 타고난 천성 때문이었을까? 아니면 세상이 자신을 위해 존재한다는 사춘기의 한가운데 있었기 때문이었을까? 엄마가 일러주는 대로 했던 적이 단 한번도 없었다. 산으로 가라고 하면 바다로 가고, 이쪽으로 가라 하면 저쪽으로 가고, 개굴개굴 울라고 하면 굴개굴개라고 울었다. 이렇게 말 안 듣는 청개구리 이야기가 다양하고 재미있게 해석되고 있다. 아이가 넘어지고 실패하며 스스로 일어설 기회를 주지 않고 부모가 앞서서 돌부리를 치워버려서 자생력을 앗아간다고 해석하기도 하고, 아이들의 여물지 않은 꿈을 부모가 꺾어버린다고 말하기도 한다.

또 다른 시선으로 보면 위험한 상황에 빠지지 않도록 한 엄마 개구리의 안타까움이 보이기도 한다. 청개구리의 거꾸로 행동을 가만히 보면 위험할 때가 많았다. 위험한 바다에 가지 말고, 들짐승들이 목숨을 노리는 쪽으로 가지 말라고 했던 것이었다. 엄마의 잔소리 아닌 잔소리는 청개구리의 기본적인 안위를 위한 것이었다. 그 어떤 의미가 되었건 틀린 해석은 하나도 없다.

그런데 요즘 부모들 처지가 점점 청개구리 엄마처럼 대접받고 있지 않나 하는 생각이 든다. 개인주의적 성향은 점점 짙어가고, 부모의 애정어린 충고는 간섭으로 받아들여진다. 부모와 자식 간 소통 부재는 더욱 깊어지고, 부모와 자식은 가족이라는 생물학적 접점 외에 정서적인 공감대를 찾을 수 없어 겉도는 경우가 참 많다.

청개구리 입장에서 보자면, 엄마의 말을 안 듣는 말썽꾸러기로만 볼 것이 아니라 부모와 소통하는 데 어려움을 겪는 요즘의 아이들로 환치해 보면 청개구리가 이해되는 듯하다. 엄마 개구리가 답답했던 만큼, 청개구리 역시 엄마의 지시를 받아들일 수 없어 답답했을 것이다. 자기가 하고 싶은 것은 못하게 막는 엄마가 미웠을 수도 있다. 하지만 끝내 엄마의 무덤이 떠내려갈까 봐 개굴개굴 목이 터져라 울어대는 개구리를 생각하면 안타까운 마음도 든다. 그 울음에는 엄마를 그리워하는 애절함과 자신의 행동을 후회하는 자책이 담겨있기 때문일 것이다. 청개구리의 모습은 바로 우리의 자화상이다.

미뤄두고 번거롭게 여기던 '효'를 실천하려 할 때 이미 부모님은 우리 곁에 계시지 않는다. 우리도 머지않아 나이가 들고 부모님이 홀연히 우리 곁을 떠나시게 되는 날이 온다면 비오는 날 구슬프게 울어대는 청개구리처럼 후회와 자책으로 가슴을 칠지도 모른다. 효행은 거창한 요식행위가 아니다. 지금이라도 방문을 열고 나가 부모님은 뭘 하시나 관심을 보이고, 핸드폰을 들고 전화를 걸어 안부를 묻고 사랑

한다는 문자 메시지라도 보내보라. 사랑의 감정은 공기와도 같다. 말하지 않고 표현하지 않으면 사랑이 거기 있는지 아무도 모른다. 효도는 부모의 말에 귀 기울이려는 자세, 소통하려는 마음에서부터 시작된다.

# 3

## 진정한 효도란 무엇인가

### 1. 효행은 이벤트가 아니다

효는 자신의 근본에 대한 보답, 즉 부모를 정성된 마음으로 섬기고 존중하는 마음을 보이는 것이며, 불편한 점은 없는지, 식사는 하셨는지 물어보고 살펴드리는 것이다. 이런 작은 생각과 행동이 모여 효가 되며, 이를 통해 부모를 기쁘게 해드릴 수 있게 된다. 효도는 자식이 일방적으로 부모에게 복종하고 봉양하는 전통적 정서라는 인식이 대부분이다. 하지만 효도는 부모와 자식 사이가 어떻게 형성되어 왔고, 그 관계가 일상적으로 어떻게 실천되고 있는지에 따라 다르게 해석되고 실천될 수 있는 영역이다. 효도를 자식이 부모에게 잘 해드려야 하는 일방적인 관계라고 규정지어 버리면 효도는 낡은 가치가 되어 버린다.

효도는 부모와 자식 사이에서 일어나는 자연스러운 감정 교류가 밑바탕이 되는 생활 감수성 중의 하나이다. 부모와 자식 사이가 잘 형성되려면 일상적인 소통이 원활하게 잘 이루어져야 한다. 부모가 일방적으로 판단하고 지시하고 결정하는 방식은 소통을 막는 장벽 중 하나이다. 아이 나이가 어리다고 해서 뭘 모르는 것은 아니다. 어릴 때부터 자신의 의견을 자유롭게 말할 수 있는 분위기가 가정 내에 만들어져야 하고, 그 의견이 수용되는 경험을 통해 소통방법을 학습할 수 있다.

자신의 이야이가 받아들여지는 긍정적 경험이 쌓이고 또 거부당하더라도 합당한 이유가 있다면 거부한 상대에 대해 별다른 감정이 생기지 않는다. 이는 부모·자식 사이에서도 마찬가지다. 자신들만의 소통 방법을 통해 일상을 나누는 가족들이라면 효가 거창한 실천영역, 이상적이고 추상적인 개념이 아니라 생활 속에서 자연스럽게 실현되는 일상적이고 구체적인 생활 경험이 될 것이다.

부모와 자식 간의 왜곡된 관계는 때로 돌이킬 수 없는 비극을 부르기도 한다. 전교 1등을 도맡아 하던 자식이 어느날 야수로 돌변해 부모를 해하는 경우가 있는데, 이는 표출되지 못한 자녀의 분노가 쌓였다가 엉뚱한 방향으로 폭발해버린 것이다. 부모와 자식 사이 관계가 평소에 제대로 형성되지 못했기에 이런 일이 일어났을 것이다. 부모들은 '너 잘되라고 이러는 거야'라는 이유를 들어 자식이 감당할 수 없을 정도로 과도한 학업을 강요하기도 하고 진로를 결정해주며 친구 관계까지도 규정지으려 한다. 복종을 강요하는 관계는 왜곡되고 비틀어지기 마련이다. 자식은 부모의 소유물이 아니며 남에게 보여주기 위한 부모 인생의 훈장은 더더욱 아니다.

성인이 되어 결혼을 하게 되면 부모에 대한 애틋한 마음이 살아나 효도하겠다는 결심을 하곤 한다. 하지만 생일을 챙기고 명절을 챙기고 하는 일들을 효도 이벤트로 생각해 시끌벅적하게 보내버리기 일쑤이다. 중요한 건 부모의 얼굴을 뵙고 이야기를 들어드리는 것이다. 무슨 일로 힘겨워하시는지, 일상적으로 어떤 활동들을 하시는지 조용하게 들어주는 것은 쉽지 않지만 가장 큰 효도일지도 모른다. 그날 하루를 형식적으로 보내면 그만이 아니라 일상적으로 소통하려는 노력이 전제되어야 효행이 일회성 이벤트로 그치지 않는다.


## 2. 일상적 소통

대부분의 가정에서 웃어른을 공경하고, 형제간에 우애 깊게 지내며, 동네 어른을 만나면 공손하게 인사해야 하고, 부모님의 물음에 정성껏 답변하며, 어른의 말씀에 순종해야 한다는 전통 덕목을 가르쳐왔다.

하지만 인구 감소로 인해 핵가족화가 진행되고, 노령 인구 증가와

도시 집중화, 서구문화의 유입 등으로 효를 근본으로 삼던 전통 문화가 흔들리고 있다. 나이에 맞는 인성교육이 이루어지지 못하고 있고, 부모 세대와의 소통은 더욱 힘들어지고 있다.

현대인들은 부모와 마주 앉아 저녁 한 끼 나누고 이야기 나눌 시간적 여유가 사치로 느껴질 만큼 바쁜 날들을 보내고 있다. 전화 한 통으로 부모님 안부를 묻는것도 피곤하다며 핑계를 대기도 한다. 베이비 부머 세대를 지나면 사적으로 봉양해야 하는 효도 관념은 거의 사라지게 되지 않을까 전망하기도 한다. 효도라는 것이 사적 영역을 떠나 공적 영역으로 완전히 옮겨지게 될 날이 머지 않은 것이다.

이렇게 의식이 변한 데는 극심한 경쟁과 경제적 어려움이 바탕에 깔려 있다. 한 명뿐인 자식이 경쟁에서 뒤지지 않도록 부모는 경제적 지원을 아끼지 않는다. 다른 비용은 줄여도 사교육비만큼은 끝까지 줄이지 않으려 한다. 그러다 보니 부모는 노후 준비에 소홀해지고, 자신의 취미 활동 등에 대한 투자는 더욱 힘들어진다. 기성세대들은 이른 명예 퇴직에 높은 재취업 문턱을 마주하면서 경제적 어려움을 겪고 있다. 하지만 자식에게 자신의 노후를 맡길 수는 없다. 이렇게 세대 간 이해 관계가 엇갈리면서 효도는 사치에 가까운 말이 되어 가고 있다.

물려줄 유산이 많은 부모는 자식에게 미리 증여를 하는 경우도 있다. 부모는 유산을 대가로 노후를 의탁하고 자식은 효도 계약서에 따라 돌아가실 때까지 부모를 봉양할 것을 약속한다. 하지만 돈만 취하고 부모 봉양을 게을리하여 부모가 자식을 상대로 유산반환 소송을 벌이기도 한다. 부모나 자식 모두 자주 소통하고 서로 정을 쌓아가던 일상적 경험도 없이 부모와 자식이 한 공간에서 일상적으로 부딪친다는 건 무모한 일이다. 효행은 막연한 봉양이 아니라 상호 교류와 교감이 자연스럽게 이루어진 바탕 위에서 이루어지는 인간적 소통의 결과물이다. 돈은 일상의 힘을 결코 이길 수 없다.

그렇다면 이렇게 복잡한 시대에 진정한 효도는 무엇이고 부모와 자식이 모두 만족할 수 있는 효도를 실천할 수 있는 방법에는 어떤 것이 있을까? 부모와 다양한 형태로 소통하려고 노력하는 것, 인간적인 이해와 일상적 소통이 그 답이 될 수 있을 것이다. 요즘은 사물인터넷이 실생활 속으로 들어오면서 자식이 부모님 집을 살펴볼 수 있도록 스마트폰과 연결하기도 한다. 연로하신 부모님이 계시는 집이라면 한 번쯤 활용해 볼 법한 기술이라 할 수 있다. 찾아뵙는 것도 힘들고 전화 통화로는 '별 일 없다'는 말만 하시는 경우 더욱 유용할 것이다.

# 4

## 효행 방법

### 1. 반포지효와 오조사정

　어버이 은혜에 보답하는 자식의 지극한 효심을 일컫는 말로 반포지효反哺之孝가 있다. 이는 다 자란 새끼 까마귀가 어미 까마귀에게 먹이를 물어다 먹여주며 키워준 은혜를 갚는다는 뜻이다. 반포지효는 오조사정烏鳥私情과 같은 뜻으로 까마귀의 습성에서 비롯된 말이다. 오조사정이란 말은 진晉나라 무제가 이밀을 태자세마로 임명했을 때, 이밀은 사퇴의 뜻을 담은 진정표陳情表를 올렸다. 이 진정표를 읽고도 눈물을 흘리지 않으면 효자가 아니라고 할 정도로 조모에 대한 이밀의 극진한 효성이 진정표에 담겨 있었다. 이밀은 진정표에서 '어려 조실부모한 뒤 이제껏 조모가 자신을 키우셨고 이제 아흔 노인이 되셨다. 황실에서 부른다 하여 늙은 조모를 두고 갈 수는 없다. 까마귀가 어미새의 은혜에 보답하려는 사사로운 마음처럼 돌아가시는 날까지 조모를 봉양하겠다'고 하였다. 무제는 이밀의 효심에 감동하여 조모에게 먹거리와 입을 것을 하사하였고, 이밀은 조모가 돌아가신 뒤 관직에 나아갔다.

반포지효와 오조사정은 본보의식을 나타내는 상징적인 말이다. 한때 자식은 보험과도 같은 존재라는 다소 황당한 말이 회자되었다. 이것을 보면 어느 정도 양육에 대한 보상을 받고자 하는 마음이 사람들 사이에 있었던 것을 알 수 있다. 하지만 이제 자식에게 노후 봉양을 받고자 하는 생각은 찾아보기 힘들어졌다. 키워준 것으로 부모 역할을 다했으니 노후는 스스로 책임지겠다는 생각이 강하고 자식 역시 독립하여 주체적으로 삶을 꾸리겠다는 생각이 강하다.


## 2. 효행의 시간은 바로 지금

그렇다면 이 시대를 사는 우리들은 키워주신 부모님께 어떻게 은혜를 갚아야 할까? 부모님에 대한 마음의 표현을 말로도 하지만 행동으로 할 때 감동은 두 배가 된다. 부모님이 무엇을 원하고 있는지 잘 알고 행하는 것이야 말로 최고의 효도일 것이다.

예를 들어 엄마가 주말 저녁 식사를 위해 위해 맛있는 카레를 만들고 있다고 가정하자. 카레요리의 주재료인 감자, 당근 등 야채가 있는 줄 알고 시작하였으나 요리하는 도중 없다는 것을 알고 "감자하고 당근이 없네"라며 엄마가 혼자말을 한다. 그럴 때 "엄마, 제가 다녀올께요. 감자 당근만 있으면 되죠?"라는 이 한마디 말이 엄마에게 전해지는 감동과 감사는 굉장히 클 것이다.

이렇게 효도는 멀리 있는 것이 아니라 우리 생활 가까이에 있다. 특히 사춘기에 접어든 아이들은 부모에게 이유없이 성질을 부리고 짜증을 낼 때가 많다. 하지만 영화나 소설에서 부모 얘기가 나오면 줄줄 눈물을 흘리며 "엄마, 아빠 사랑해요"라고 말한다. 이 간극은 우리 마음 깊이 내재된 사랑을 잘 보여주는 예이다. 이 사랑을 표현하는 것이 바로 효도이다.

부모님을 기쁘게 해드리는 것 중에는 형제간의 우애도 빼놓을 수 없다. 형제간의 우애를 돈독히 하려면 이기적인 마음과 행동은 삼가고 배려하는 마음이 기본이 되어야 한다. 부모님이 기뻐하시는 효도의 방법을 비교해 보면 예나 지금이나 크게 다르지 않다. 요즘 부모들은 자식들에게 어떤 것을 원할까? 가장 으뜸으로 꼽는 것이 자식의 행복한 삶이다. 자신이 원하는 일을 하며 행복하게 일생을 살아갈 수 있기를 바라는 것이다.

그리고 생활 속에서 자식에게 바라는 것은 첫째, 자신의 일에 충실하라는 것이다. 그 일이 학업이 되었건, 자신이 하고 싶어 하는 그 무엇이 되었건 그 일에 매진하고 자신의 가치를 높여가기를 바라고 있다.

둘째로 집안일을 함께 나누기를 바란다. 부모와 자식이 함께 살 수 있는 기간은 그리 길지 않다. 물론 경제적 어려움 때문에 늦은 나이까지 부모 둥지를 떠나지 못하는 경우도 있지만 다수는 독립하여 살기를 원한다. 철이 드는가 싶으면 부모 곁을 떠나는 것이다. 부모와 함께 있는 동안 같이 설거지도 하는 등 작은 일부터 나눠보자. 그게 힘들다면 자신의 방을 스스로 청소하는 것도 집안일을 함께 하는 것이나 다름없다.

셋째로 환한 미소와 상냥한 말투로 이야기하며 긍정의 언어로 웃음을 선물하는 것이다. 부모님이 원하시는 방법으로 기쁘게 해드리는 것은 결코 어려운 일만은 아님을 알 수 있다.

# 5

## 효도의 효과

부모님을 섬기고 자식의 도리를 다하기 위해서는 효에 필요한 여러가지 덕목을 학습으로나 혹은 경험을 통해 익혀야 한다. 그렇게 쌓여진 것을 부모님께 실천으로 옮기며 '효'를 다하다 보면 상대방을 배려하며 소통하는 방법에 익숙해지게 된다. 빠르게 변화하는 시대 속에 사는 현대인에 필요한 것 중 하나로 '경청'이 있다. 부모님이 하시는 말씀을 잘 들어보면 경청의 기술이 향상될 뿐만 아니라 사회에서 인정받는 사람이 될 것이다.

내가 먼저 '효'와 '예'를 실천한다면 자연스럽게 산 교육이 될 것이며, 주입식 교육으로 해결되지 않는 부분까지 효과를 보게 될 것이다. 시대가 변하면서 시간적인 여유가 없어서 밥상머리 교육은 사라져 가고 있지만 부모님께 '효'를 행하면서 소통을 게을리 하지 않는다면 바른 인성이 마음속에 자리잡혀서 사회에서 바른 인성을 가진 사람으로 인정받게 될 것이다.

또한 부모님께 행하는 '효도'를 하는 데 있어서 환한 미소와 긍정의 언어로 말하는 것이 습관이 되면 인간관계에서 상대의 마음을 여는 데 좋은 효과를 낼 수 있을 것이다. 오는 말이 고와야 가는 말도 곱다는 말도 있지 않는가? 부모님 얘기에 열린 마음으로 귀를 기울이고 웃는 얼굴로 소통하며 메시지가 잘 전달되도록 해야 한다.

인생을 살다보면 누구에게나 '희노애락喜怒哀樂'의 순간이 온다. 기쁠 때 자만하지 않고 겸손하며, 슬플 때 슬픔을 이길 수 있는 지혜가 필요하다. 어릴 때부터 부모님에게서 존종받으며 자라난 아이에게는 자연스럽게 형성된 자아존중감이 있고, 부모님과 상호 교감하며 '효'를 실천하는 과정을 통해 소통방법을 익히게 된다. 이는 인생을 지혜롭게 살아갈 수 있는 힘이 된다. 이 힘은 긍정적인 마음과 가치를 심어줄 것이며 인성이 균형 있게 발달해 나갈 것이다.

어른으로서 책임감을 가지고 자신의 미래를 헤쳐 나가며 사람답게 도리를 지키며 산다는 것은 그리 쉬운 일이 아니다. 하지만 어릴 때부터 일상적으로 '효'를 이행해 나가는 아이들이 점차 어른으로서 성장해 나간다면 21세기의 인재로 발돋움하는 데 부족함이 없도록 인성을 갖추게 될 것이다. 집안에서 시작된 작은 날개짓이 아이를 통해 세계로 뻗어가는 '나비효과'가 반드시 일어날 것이다.

# 6

## 효도사례

### 1. 오두막집 어머니의 '효' 교육

'나의 살던 고향은 꽃피는 산골'이라는 말과 잘 어울리는 뒷마당과 산이 연결되어 있는 오두막 집에는 작은 부엌이 있고 방과 방을 이어 주는 마루가 있다. 이 좁은 오막집에 육남매가 살고 있다. 많은 식구가 살기에 턱없이 좁은 집이지만 깔깔대는 웃음 소리는 늘 담장을 넘는다. 아들 하나, 딸 다섯의 육남매를 둔 정 많고 마음씨 착한 어머니, 그 분이 지금은 할머니가 된 우리 어머니시다.

어머니는 친정집과 자신의 집을 부지런히 오가시며 친정 부모님과 6남매를 챙기셨다. 친정에 남동생과 여동생도 있었는데 큰 딸의 의무라고 생각했던지 친정의 큰일은 어머니가 다 주관하셨다. 모내기와 추수할 때 많은 사람들의 식사를 준비하는 것은 물론 겨울철 김장까지 어느 것 하나 어머니의 손이 닿지 않는 것이 없었다. 30살이 훌쩍 넘은 남동생도 자식들보다 더 살뜰히 살피셨다. 그런 이유 때문인지 어머니와 친정 남매들간의 '우애'는 말로는 다 표현할 수 없을 정도로 살가웠고, 자라나는 우리 육남매의 우애를 다져가는 데 산교육이 되었다. 어머니는 지금도 섬김의 리더십을 보여주고 계시며, 친정 남매들은 어머니의 섬김을 본받아 '효'를 행동으로 실천하고 있다.

섬김의 정서를 가진 어머니의 나눔은 또 어떠셨겠는가? 가까운 시장이 없었던 시골 마을에서는 명절이 다가오면 일명 '보따리 옷장사 아줌마'가 마을 곳곳을 누비며 다녔다. 아줌마는 오면 기다리던 마을 사람들의 인기를 한 몸에 받는 분이었다. 명절을 앞두고 들뜬 분위기는 좀처럼 가라앉지 않고 보따리 속 그 많던 옷은 짝이 잘 맞지 않는 양말 몇 켤레를 남기고 다 팔려나갔다.

마을의 이 집 저 집을 돌며 옷은 다 팔았지만 짧은 겨울 해가 일찍 저무는 탓에 돌아가지 못하는 옷장사 아줌마의 발목을 잡았다. 이럴 때면 아주머니는 마음 편하게 쉬어갈 곳을 찾아 육남매의 오두막집으로 향하셨다. 부모님과 6남매의 잠자리도 좁은 집에 옷장사 아줌마의 불시 방문은 그다지 반갑지만은 않았다. 하지만 어머니는 투덜대는 아이들을 달래며 "집에 오신 손님을 즐겁게 맞지 않는 것은 예의가 아니다"라는 말씀과 함께 "도울 수 있으면 돕고 살아야 세상 사는 맛이 난다"고 거듭 말씀하셨다.

추운 겨울, 버스가 끊긴 시골 마을에서 어머니의 배려가 없었다면 옷장사 아줌마는 어디서 하룻밤을 쉬어 갈 수 있었을까? 좁은 방 한 켠을 선뜻 내어주신 어머니의 따뜻함을 배운 육남매의 인생철학은 '효도'와 '나눔' 그리고 '섬김'이다

이제 어머니 머리에는 하얀 눈이 내려 앉은지 오래다. 과거 속을 살고 계시지만 배려하는 마음은 아직도 그대로이시다. 그 모습을 보며 살아 있는 교육이란 이런 것이구나 깊이 느끼게 된다.


## 2. 리어커와 할머니

경제가 어려워지면서 길에서 폐지를 잔뜩 실은 수레를 힘겹게 끌고 가는 할머니들을 자주 본다. 집 근처 상가에 폐지를 줍는 할머니가 계신다. 손수레에 겨우 몸을 의지한 채 앉아 계시기도 하고, 부지런히 상가 안을 돌아 다니며 박스를 모으신다. 할머니를 위해 박스를 모아두었다가 챙겨드리는 가게주인도 있고 말없이 간식거리를 놓고 가시는 분도 계신다.

하지만 할머니의 힘겨운 생활은 정부 보조금만으로 나아지지 않는다. 설상가상으로 조금씩 생활비를 보내오던 아들하고도 전화 연락이 되지 않는다고 하신다.

주위에서 폐지 수레를 끄는 노인분을 보면 뒤에서 리어커를 밀어

드리거나 끌어서 도와드리는 풍경을 보기는 힘들지만, 이런 광경을 찍은 사진이 SNS를 통해 공유되며 칭찬이 쏟아지곤 한다. 이런 광경을 보면 효도와 섬김이 공동체 안에서 작게나마 실천되고 있는 것이 아닌가 싶다.

상가에서 자주 뵙는 그 할머니께 가끔 빵과 우유를 드릴 때가 있다. 할머니는 감사하다는 말을 몇 번이고 되풀이하며 환하게 웃으신다. 그전에 할머니 간식을 종종 챙겨드리던 상가 안 학원 원장님이 다른 곳으로 이사를 가게 되면 섭섭해서 어쩌냐는 말을 듣고 나는 얼른 "할머니 간식은 제가 사 드릴께요"라고 말씀을 드렸는데, 그 약속을 지키기 위해 나름 애쓰고 있는 것이다.

세상이 변하여 친절을 베풀고도 불이익을 당하는 경우도 있지만, 어려운 상황에 처한 사람을 보고도 그냥 지나쳐서는 안 될 것이다. 특히 소외 계층 어르신들은 아주 작은 도움으로도 살아갈 힘을 얻는다. 어른을 공경하는 마음, 작은 실천은 부모님께 효를 행하는 밑바탕이 된다.

### 3. 시간을 엮는 뜨개질

한 요양원에서 두꺼운 돋보기 안경을 쓴 채 허리를 반쯤 숙이고 뜨개질에 몰두한 90세 할머니가 있다. 할머니가 손으로 뜨시는 건 실이 아니라 바로 시간이다. 할머니의 시간을 엮는 뜨개질은 오늘도 변함없이 계속된다.

"우리 아들은 나한테 참 잘해, 우리 며느리들도 착하고 부자야. 아파트도 몇 채씩 있어."

일본어를 중간중간 섞어가며 이야기의 꽃을 피우신다. 할머니가 쓸 수 있는 요양원 공간은 침대 하나가 놓인 병실 일부분이 전부다. 침대 위에서 하루 종일 뜨개질을 하시는데 뚝딱하면 가방이 만들어지고, 조끼도 만들어진다. 할머니의 솜씨 좋은 뜨개질 작품은 요양사에게 선물로 주어지기도 한다.

할머니는 뜨개질을 하시다가 전화를 걸어 "빨강색 2개 사와, 빨강색 2개. 알았어. 끊어. 끊어." 하면서 전화를 끊고는 뜨개질을 계속하신다. 할머니의 뜨개질이 변함없이 계속될 수 있는 이유는 옆에서 실도 사다 드리고 할머니를 잊지 않고 찾는 자식이 있기 때문이다. 뜨개질과 자식과의 만남이 할머니의 노후에 살아갈 힘이 되는 것이다.

또 저녁식사 시간이 되면 하루도 거르지 않고 노모의 곁을 지키며 밥을 챙겨드리는 아들도 있다. 어머니에게 밥을 한숟가락씩 떠드리면서 눈을 맞추고 대화를 이어가지만, 할머니는 계속 혼잣말만 하신다. 매일 와서 어머니의 식사를 챙겨드리는 것이 쉽지 않을 텐데 아들을 기다리실 어머니 생각에 거르는 법이 없다. 할머니의 아들도 자기만의 생각으로 '효'를 실천하는 것일 텐데 뒷모습은 가끔 쓸쓸해보이기도 한다.

90세 노모는 오늘도 뜨개질을 하시며 과거와 현재의 시간을 엮는다. 할머니가 엮는 것은 시간뿐만이 아니라 그 시간 속에 담긴 인생, 자식들과의 추억일 것이다. 실을 사오는 자식을 볼 수있는 것만으로도 얼굴 가득 미소가 번졌던 90세의 노모의 뜨개질은 여전히 이어지며 현재와 과거, 자식과 부모 사이를 잇고 있다.

# 7

## 효도를 재해석하다

　인간관계의 출발점은 가족 간의 관계이다. 가족 안에서 배운 인간 관계는 기본 소양이 되고 사회 생활을 하는 발판이 된다. 특히 부모와의 관계는 전 생애를 거쳐 영향을 미치는 대인 감수성, 생활 감수성이 된다. 부모와의 관계는 양육 태도, 부모를 대하는 섬김의 태도를 통해 점층적으로 형성된다. 성장을 통해 이 태도들은 상호 교감과 소통을 통한 효행으로, 밖으로는 인간 존중으로 나타난다.

　가족들 사이에서 효행을 두고 '효도는 셀프'라는 말을 하기도 한다. 결혼 후 남성이 배우자에게 시부모 봉양을 맡기는 세태를 비판하는 말인데, 갓 결혼한 부인에게 효도를 맡기지 말고 자신의 부모는 자신이 챙기자는 뜻을 담아 만들어진 말이다. 시부모와의 갈등이 집안 문제가 되고 급기야 이혼의 한 사유가 되는 세태를 들여다보면 크게 어굿나는 말도 아닌 듯 싶다. 이런 갈등을 없애기 위해 어떤 집에서는 설에는 처가, 추석에는 시댁, 이런 식으로 번갈아 방문하기도 하고 양가 부모님에게 똑같이 용돈을 드리고 챙긴다. 효도를 여자인 며느리가 하는 것이 당연하던 시대가 아니라 양가 부모님께 똑같이 감사하고 똑같이 갚아드리는 것이 당연한 시대가 되었다. 효도를 갈등의 원인으로 만든 것은 효도 그 자체가 아니라, 제대로 해석하고 실행하지 못하기 때문이다.

이제 효도는 더 이상 개인의 희생으로 자라고 유지되는 고유한 전통이 아니다. 이렇게 다변화된 세상에서 효도는 공적인 영역에서 다루어져야 할 개념이 되었다. 특히 지역 공동체 안에서 효도의 개념이 새롭게 자리잡아야 하며, 국가적 차원에서는 복지의 개념으로 효를 재해석해야 한다. 효는 세대를 초월하는 섬김의 철학이다. 특히 세대 간 갈등이 표면화되고 연장자에 대한 존중이 사라져 가는 요즘에 섬김의 철학은 더욱 중요하고 필요한 덕목이 되었다. 섬김의 철학은 사회구조 안에서 실천되고 구성원들 사이에서 공유되어 갈등 해결의 중심이 되어야 한다. 또한 가속화되는 가족 해체와 가족 소외를 해결할 수 있는 철학은 섬김에서 비롯된다.

요즘 우리 사회에서는 성별, 세대별 갈등이 유난히 크게 부각되고 있다. 이런 갈등 상황 속에서 효도의 실천은 더욱 어려워지고 있다. 개인의 노력과 공적 영역의 복지 정책이 합해져 어르신 섬김, 사회적 배려대상자에 대한 효행 지원이 더욱 심도 있고 장기적으로 이루어져야 한다. 효도의 실천을 형제간에 서로 미루고 배우자 일방에 떠넘기지 않으며 경제적 어려움 때문에 부모에 무관심해지지 않으며 가족 소외 현상을 해결할 수 있는 역할에 국가가 앞장서야 하고 복지정책의 지향점이 될 수 있도록 해야 한다.

국가에서 개인의 경제적 부담 경감과 노년의 삶의 질 유지를 위해 치매 비용 일부, 간병비 일부를 부담하는 등 이제까지 개인이 집에서 해왔던 일을 공적 영역에서 맡고 있다. 불과 이십여 년 전만 해도 치매 노인을 집에서 돌보며 온 가족이 고통을 당하고, 병원비가 무서워 집에서 부모를 간병했다. 일상생활에 막대한 지장을 받아오던 중에도 자식은 마땅히 그 고통을 감내해야 한다는 생각이 그 당시에는 지배적이었지만 이젠 그렇지 않은 사실을 생각하면 격세지감이 느껴진다.

이외에도 독거노인, 배려대상 노인들에게 도시락 배달을 통해 챙기는 것은 끼니를 잇는 것은 물론 매일 안위를 확인하기 위해서이다. 또한 요구르트를 생산하는 대표적 기업은 배달원들을 통해 노인들에게 무료로 요구르트를 제공하고 있다. 동네 사정을 잘 아는 배달원들은 요구르트를 배달하면서 말벗도 되어 주고 안부를 챙기기도 한다. 이 사회적 섬김은 지역 공동체에서 활동하는 자원봉사자들을 통해 밑으로 밑으로 내려가고 있으며 소외받는 어르신들이 없도록 더 촘촘해지고 있다. 이들이 매일 실천하는 섬김철학은 웃는 낯으로 부모를 뵙는 것이 효도의 시작이라고 설파한 공자의 효 개념과 다를 것이 없다. 공자의 효 개념을 현대적으로 해석하고 공적으로 실천하는 좋은 표본이라고 하겠다.

부모와 일상적으로 소통하는 일은 정말 중요하며 일상을 함께 나눌 수 있다면 더욱 좋을 것이다. 부모님은 한 그릇의 국밥을 배불리 혼자 드시는 것보다 반 그릇의 국밥을 함께 먹는 것을 더 좋아하실 것이다. 부모님을 위해 짧은 시간이라도 내어 드리는 것. 이것이 개인이 행할 수 있는 진정한 '효'의 실천일 것이다.

하지만 개인이 할 수 있는 효행에는 한계가 너무도 분명하다. 우리는 내 부모만이 아니라 공동체 안에서 함께 살아가는 연장자들을 함께 품고 공적 영역에서 효행, 섬김의 철학이 실천될 수 있도록 마음을 열어야 한다. 그 마음 속으로 들어가는 사람은 어쩌면 내가 첫 번째가 될 것이기 때문이다.